まちをひらく技術

― 建物・暮らし・なりわい ―
地域資源の一斉公開

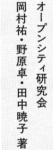

オープンシティ研究会
岡村祐・野原卓・田中暁子 著

学芸出版社

特別公開された名建築「ロイズ・オブ・ロンドン」に入るための数時間待ちの列ができる〈オープンハウス・ロンドン〉（ロンドン、事例1）

【お詫びと訂正】
p.218、221において「ものつくり大学」を「ものづくり大学」と誤って記しておりました。お詫びさせていただくとともに、訂正させていただきます。
何卒、よろしくお願い申し上げます。
2017.10.23　学芸出版社『まちをひらく技術』

社会性に対す
人を受け止め
交流を可能と
ズに合わせて
く来都市に備
り戻そうと、
、部市を「ひらく」ための取組みが各地で試行されている。道路や広場等の公共空間を有効活用するための社会実験、私的空間を宿泊施設やオフィスとしてシェア（共有）する取組み、建築や土木インフラ等の建設プロセスやその価値に関する情報発信等、物的

3

村上の優れた近代建築の一つである浪漫亭で説明を受ける来訪者
〈城下町村上 町屋の人形さま巡り／屏風まつり〉（新潟県村上市、事例8）

空間、人々の意識・ふるまい、情報等「ひらく」対象は多様である。

本書では、この都市・まちを「ひらく」取組みの中で実験的、仮設的、広告宣伝的な役割を果たす「オープンシティ・プログラム」に着目する。これは、建築、暮らし、なりわい等の地域を特徴づける資源を対象に地域ぐるみで時間・期間を限り、一斉公開するというものである。対象が建築であれば「オープンハウス」、庭であれば「オープンガーデン」、工場であれば「オープンファクトリー」として実施される。

「オープンハウス」は、建築の持つ創造性や文化性を重視した取組みとして、欧州を中心に20数年の歴史がある。一方、我が国では町家や長屋などの地域資産の保全活用、いわゆる「まちづくり」の文脈で建築の一般公開が試みられてきたが、近年欧州型の「オープンハウス」に着想を得た取組みも行われるようになっている。

個人所有の庭の一般公開は、イギリスにおける全国的取組みであるナショナルガーデンスキーム（1927年開始）が有名だが、我が国では90年代後半か

まちの散策時に一休みできる「かんてんぱぱショップ小布施店」のオープンガーデン
〈おぶせオープンガーデン〉（長野県小布施町、事例9）

らのガーデニングブームに乗って2000年前後から全国各地で地域ぐるみで取組む「オープンガーデン」が盛り上がってきた。

「オープンファクトリー」は産業振興、地域ブランディング、住工混在地域におけるまちづくりなど背景は地域ごとに様々であるが、従来の行政施策では解決が難しい問題に直面する地域（特に、首都圏、地方都市に限らず中小の工場が集積する地域）において、2010年以降、同時多発的に実施されている。

また、ここで選ばれる資源の特徴としては、日常的には限られた人々のみが利用できるプライベート性の高い資源を扱っていることである。これまで個別にアクセスすることが難しかった、あるいは一般的に認知されることが少なかったものをまちや地域全体で考えることにより価値づけし、人々が訪れる対象に昇華させるのである。人々は、訪れた資源において日常の域を飛び越えた貴重な経験をし、所有者や関係者と対話をする。そして、その経験や対話が、運営を支えるボランティアとして、日常的な保全活動の担い手、主体

海運、物流、エネルギー等様々な形で港湾都市の「なりわい」がひらかれる
〈ワールドポートデイズ〉(ロッテルダム、事例15)

的な関与へと人々を駆り立てるのである。一方、資源所有者も、来訪者との交流により、よりいっそう資源に対する愛着や誇りを醸成するだけではなく、イベントを契機に他の所有者とつながったり、あらたに地域を盛り上げる活動に参画することが期待される。

オープンシティ・プログラムは、地域資源を一斉公開するという単純明快なフォーマットではあるが、都市・まちを「ひらく」ための様々な局面での活用が可能である。その発信力を生かして資源の価値や魅力を広く普及させたい、その集客力を生かして地域や地域資源のファンや一緒に活動する仲間を増やしたい、その演出力を生かして資源活用の実験をしてみたい、そんな地域の様々なモチベーションに応えることができる。そのため、本書はまず、オープンシティ・プログラムに取組んでみたいと思っている地域の企画者、運営者に対して、プログラム実施のハウツーを伝えることを重視している。各地でどのように企画を立て、運営しているのか、そのプロセスや創意工夫に共鳴して頂けるものと確信している。

〈関内外 OPEN!8〉でのアトリエ公開の様子
〈関内外 OPEN!〉（横浜市、事例17）

　次に、現場での実践的アクションを含めたマネジメントが大事にされる昨今、オープンシティ・プログラムは、まちを動かしてゆく一つの選択肢となると考える。各地でビジョンをもって地域づくり、まちづくりの実践に心を砕いている方々に対しても、オープンシティ・プログラムの基本的な組み立てやその背景にある思想・哲学は、示唆に富むものとなるであろう。

　本書は、Ⅰ部の理論編とⅡ部の事例編に分かれている。Ⅰ章で現代社会において、なぜ都市・まちを「ひらく」ことが求められているのか、歴史的な文脈も含めて論述する。2章では、オープンシティ・プログラムの基本的な情報を整理し、我が国における広がりを確認する。3章では、オープンシティ・プログラムの理念や企画運営の方法が、いかに都市・まちを「ひらく」取組みへとつながっていくのか、そのエッセンスを取り出していく。そして、4章では、各地のオープンシティ・プログラムの取組みからみえてくる企画運営のハウツーをまとめる。

　また、Ⅱ部の事例編では、私たちが

グラスゴーに1857年に建設された音楽ホールの〈欧州遺産の日〉における公開の様子
〈欧州遺産の日〉（パリ・ブリュッセルほか、事例20）

この5年の間に調査を重ねた国内外の22事例を、六つのカテゴリーに分けイベントの内容や企画運営の内情に迫る。このカテゴリーは、まず都市やまちの主要素としての「建築」を取り上げ、さらに、その建築のフィジカルな部分とそこで営まれる「暮らし」や「なりわい」に注目する。また、「暮らし」のなかで「建築」と都市・まちを媒介する存在である「庭」に、そして「なりわい」をより豊かにしていく要素として「クリエイティビティ（創造性）」に焦点を当てる。最後に、これらが年を重ね次世代へ継承すべきものと価値が共有された「レガシー」としてまとめることとした。

なお、事例編では、2016年11月に〈オープンハウス・ロンドン〉の考案者であるヴィクトリア・ソーントン氏を英国より招いて主催した「オープンシティ・シンポジウム」の講演会の様子を掲載している。彼女の20数年間の奮闘と、現在の魅力ある都市ロンドンの姿に裏打ちされた真実味のある言葉に耳を傾けて頂ければ幸いである。

2017年8月　著者一同

目次

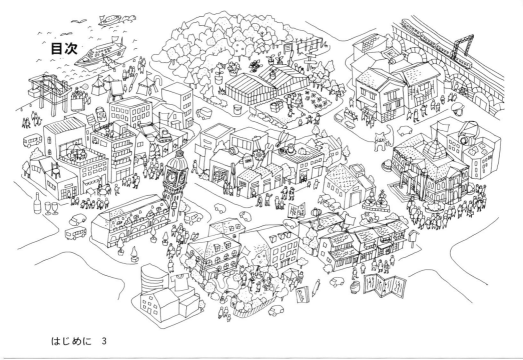

はじめに 3

Ⅰ部　理論編：なぜ、まちをひらくのか 13

1章　まちをひらく取組み 14
1. まちを「ひらく」衝動／2. まちをひらく取組み／3. まちをひらく意義／4. まちをひらくオープンシティ・プログラム

2章　オープンシティ・プログラムとは何か？ 29
1. まちを「ひらく」ための「オープンシティ・プログラム」／2. オープンシティ・プログラムの基本要件／3. 全国での実施状況

3章　まちづくりの技術としてのオープンシティ・プログラム 43
1. まちに「場」をつくる──ストックマネジメントの視点／2. コミュニティ形成の視点／3. 地域ブランディングの視点／4. 地域連携の視点

4章　オープンシティ・プログラムの構想・企画・運営 65
1. 構想／2. 体制づくり／3. イベント企画／4. 当日運営／5. レビュー

II部　事例編：各地のオープンシティ・プログラム　81

1章　「建築」をひらく　83

1. オープンハウス・ロンドン——ロンドン　84

世界最大の建築公開イベントの起こり／公開対象となる建築物／まち全体を対象とする／ホストとしての所有者とボランティア／来訪者にとっての楽しみ方／オープンハウス・ロンドンの運営／オープンハウス・ロンドンの通年化・多角化

「市民と建築・都市をつなぐオープンハウス・ロンドンの25年」

——ヴィクトリア・ソーントン〔講演録〕　94

2. オープンハウス・ワールドワイド　103

ロンドンから世界へ／四つの基本原則／加盟組織・各オープンハウスの現状／アジアへの期待

3. 生きた建築ミュージアムフェスティバル大阪

——大阪市　108

都市の魅力創造戦略としての建築一斉公開／民間主導による開催の決定決行

2章　「暮らし」をひらく　113

4. オープンナガヤ大阪——大阪市　114

地元大学の調査研究からのスタート／暮らしびらき／イベントの通年化

5. 金澤町家巡遊——石川県金沢市　118

金澤町家巡遊のねらい／金澤町家研究会／金澤町家巡遊の企画と予算／第1回金澤町家巡遊／プログラムの変遷／「水引細工」が繋ぐ縁／イベント周知の工夫／まちへの波及効果

6. 五月が丘まるごと展示会——広島市　124

戸建住宅地が開かれるまで／住民の自主的な公開とふるまい／住宅地ならではの特性と課題

7. オープン台地 in OSAKA——大阪市　129

「都市居住」と上町台地／ワーキンググループの発足／若手スタッフ中心の運営／より自立した運営を目指す

8. 城下町村上 町屋の人形さま巡り／屏風まつり

—— 新潟県村上市　134

町屋に着目したまちづくりの始まり／城下町 村上町屋の人形さま巡り／城下町村上 町屋の屏風まつり／人形さまと屏風がもたらしたもの

3章 「庭」をひらく　141

9. おぶせオープンガーデン —— 長野県小布施町　142

「外はみんなのもの、内は自分たちのもの」／きっかけとなった花のまちづくり／オープンガーデンの仕組み／出会いと交流の場、オープンガーデン

10. カシニワ —— 千葉県柏市　148

都心郊外部における空間管理の課題／カシニワが生まれるまで／カシニワの仕組み／広がるカシニワの試み／カシニワ・フェスタ

11. オープンフォレスト in 松戸 —— 千葉県松戸市　154

里山保全のボランティア活動を披露する機会／里山やその保全活動を知るための多様なプログラム

4章 「なりわい」をひらく　159

12. おおたオープンファクトリー —— 東京都大田区　160

「モノづくりのまち」の現在／エリア選定と企画運営体制／オープンファクトリーのコンテンツ／取組みの成果／大田クリエイティブタウン構想

13. モノマチ —— 東京都台東区　170

台東デザイナーズビレッジ／モノづくりのマチづくりイベント〈モノマチ〉の開催／イベント運営からエリアブランディングへ／オープンファクトリーネットワーク

14. 燕三条 工場の祭典 —— 新潟県燕市・三条市　175

伝統とモノづくりの想いを伝える契機／エリアブランディングに向けて／波及的展開

15. ワールド ポート デイズ —— ロッテルダム　179

欧州最大の港湾都市をひらく／港の内部、施設のバックヤードを訪れる／都市に港を取り戻す

16. 花の超祭典——愛知県田原市 183

オープンハウス（花の生産ほ場見学会）／花卉産業を顕在化する仕掛け／運営プログラム

5章 「クリエイティビティ」をひらく 187

17. 関内外 OPEN！——横浜市 188

創造都市横浜へのクリエイター集積／自主的な運営と連携体制

18. 芸工展と谷根千——東京都台東区・文京区 194

谷根千とまちづくりの展開／芸工展の誕生と運営／芸工展の様子／ストック活用による重層的な魅力創出

19. 金沢クリエイティブツーリズム——石川県金沢市 200

創造都市・金沢／推進体制と提供プログラム／「オープンスタジオデー」：アトリエ・スタジオの一斉公開／ゲストハウスと連携した金沢クリツーの展開

6章 「レガシー」をひらく 205

20. 欧州遺産の日——パリ・ブリュッセル 206

歴史的変遷・理念／EHD を支える運営体制／日常生活の延長にある建物公開（パリ）／建物から街への広がり（ブリュッセル）

21. 足利の文化財一斉公開——栃木県足利市 212

歴史都市、足利の文化財／「一斉公開」の始まり／11 年間の変遷／行政職員の努力／「文化都市の住民としての誇り」／多種多様な市民の協力

22. ぎょうだ蔵めぐりまちあるき——埼玉県行田市 217

「日本一の足袋のまち」の足袋産業遺構／「点から線へ、線から面へ」／無理のない範囲で、自分たちのやりたいことを／足袋蔵の活用の拡がり

あとがき 222

Ⅰ部 理論編
なぜ、まちをひらくのか

「まちかぐ」というツールを利用して、復興公営住宅内のギャラリー空間と道路（公共空間）に一体的な「場」をつくりだす（石巻市中央一大通りのまちびらきの様子）

1章　まちをひらく取組み

1 まちを「ひらく」衝動

　「まちは誰のものか」「まちの豊かさとは何か」という疑問は、いつの時代も問われてきたが、近年では、公共性や社会性の観点から、地域資源を発掘し活かす取組みや、公共空間を利活用しながら価値を高める取組み、市民が地域を主体的に運営管理するエリアマネジメントの取組み等も盛んになっている。私自身、まちづくりの現場で「自分のまち・地元は好きか」と住民に尋ねると、以前は、「うちのまちには何にもない」と卑下したり、閉鎖的でコミュニティの強すぎる地元に嫌気がさし、都会を憧憬する人も多かったが、近年では、生まれ育ったまちを「好きだ」と答える人が増えてきていると実感する。

　一方で、ものごとを動かすには「自分ごと」という当事者意識が求められるが、自分が暮らす、あるいは働く「まち」に愛着はあっても、いざ活動するとなるとどこか他人事と捉えてしまう空気も充満している。しかも、愛着だけではどうにもならない「なりわい」「就職」「雇用」を求めて、依然として地

方から東京への一極集中は続いている。

　ここで一度、日本の都市のあり方を振り返ってみると、多くの時代、「都市」は、上から与えられてきた。荘園領主や豪族による封建時代、城下町や宿場町というシステムの下で町立てされてきた近世、廃藩置県後の近代化を目指して整えられた近代都市、戦後の人口増と都市への人口集中に伴う住宅政策、民間企業による企業城下町の成長等だ。一部、寺社と地域が共同して独特な空間を管理していた環濠集落や一次産業を営む共同体で構成される漁村から発展した都市等もあるが、概して、住民が都市自治を獲得することは多くなかった。また、先祖代々の土地や財産を継承し、守り続けることを使命としてきた子孫たちにとっても、土地や住まいといった、私的空間でさえも、先祖から与えられてきた。こうした背景も踏まえると、まちに対して、なんとなく希薄なようで、それでいて離れられない、日本の独特なまちへの距離感が生まれているのかもしれない。

　さらに、都市の起源を考えてみると、それはヒトが生みだした生存戦略のための装置とも考えられる。生物学的には、（食物の）「分配」という行為は、利己主義的であるはずの動物には原則起こりえない現象であるとすれば、都市は人間が有する特徴的な生存戦略を体現している。つまり、農産物・植物を

みんなで生産する（協働する）システムを構築してこれを共有・再配分するために、集合体の秩序をコントロールする場所（「都」*1）、そして、各自が個別に有する資源を交換しあう場所（「市」）である。その意味では、協働・共有・交換が都市の目的であり、他者の介入を免れ得ないし、まちはひらかれることが大前提の場所だったとも言える。

　しかしながら、「空間」の側面から都市を眺めると、その発展につれて、空間は徐々に閉じられてきた。ローマ時代、都市にはコロッセウム（闘技場）やテルマエ（浴場）、フォルム（広場）、ローマ劇場等、特定の活動を行うための「施設」が開発される。さらに近代化の過程で「庁舎」や「学校」「病院」等、機能に分化された「施設」が定着するとともに、その機能と関わりない市民は訪れにくい空間となった。

　また、日本でも、近代以前の「住まい」は「なりわい」とともにあることが多く、執務・作業空間と居住空間は同じ屋根の下にあったし、冠婚葬祭は住まいの中で行われるのが通常だったにも関わらず、近代以降、職住分離が進むと、暮らしの場は、家族のもち物となり、私的空間として閉じられてしまった。

　このように民主主義社会、市民社会が浸透し、都市空間が平等に分配され、空間の「施設化」や「私有化」が進むと、

I章　まちをひらく取組み　15

閉鎖された空間に身を置く者同士は、お互いを知ることができず、配慮も届かなくなり、結果的にコミュニケーションの機会損失が生み出す都市運営のリスク、つまり、だれも都市を自分ごととして管理せず閉じこもる"アンチコモンズの悲劇*2"を生んだ。

このリスクを防ぐためには、「まち」が生み出す力を再確認したい。にぎわい、遊び、学び、創造性等、人が「まち」に集まることで、個々人では体験することの難しい価値を多様にかつ豊かに手に入れることができる。近年、「エリアブランディング」「シティアイデンティティ」「シビックプライド」という言葉も聞こえてくるように、人や地域のまとまりが生み出す価値が再評価され、断片化されすぎた個人的・私的空間からの脱却が試みられている。本書で扱っているまちの扉をひらくさまざまな試みも、そんな背景のもとで高まった欲求の表れであると考えられる。

コミュニティの断絶という都市運営上の問題があっても、これまでは終身雇用制度を伴う企業社会や家族社会が閉じた空間に暮らす人々を守ってきた。しかし、こうした仕組みが失われつつある現在、「おひとりさま」や「無縁社会」への不安は高まり、紐帯の再構築が叫ばれる。実際は、まちをひらく試みにおいては、住民一人ひとりの個人的関心がまちや地域へひらかれていく

ことも重要なポイントなのだ。

見方を変えると、まちを「ひらく」ということは「境界設定」の問題でもある。例えば、農山村集落や中国の客家住宅等のように、集合体全体が一体的な共同体として成立している場合、その内部にはひらかれていても外部には閉じられている。中世ヨーロッパの城壁都市でも、城壁の外には強固に閉じられていながら、そのなかでは「都市の空気は自由にする」という言葉のごとく、市民権を有したひらかれた場であった。

一方、日本の空間体系における境界線は曖昧だ。家の内部と外部の境界も緩やかな障子や襖等で仕切られ、季節や環境により境界の位置や強度は調整される。城郭や邸宅の境界も、濠・土塁・生垣等、本気になれば飛び越えられそうな緩やかな境界が、つなぎつつ分かつ、逆を言えば、ゆるやかにひらく、そんなまちの柔軟な境界のあり方を示唆している。つまり、境界線をどこで認識するかによって、その地がひらかれているかどうかも変わってくる。

2 まちをひらく取組み

「まちをひらく」ことの必要性と可能性について述べてきたが、これにはさまざまな意味が含まれており、まちの「ひらき方」もさまざまである。そのいくつかの方法を眺めてみる。

1）「閉じた場所」をひらく

　第一に、通常は閉じられている場所を、文字どおり「ひらく」アプローチがある。都市の秩序づくりが求められるにつれ、権力により空間が占められ、宮殿や城郭等、市民の近づけない場が現れる。また、資本主義社会が進む過程においても、資本の源となる企業の空間は一般には立ち寄りにくい場となる。こうしたブラックボックス空間に対して、市民の知りたい欲望が渦巻くとともに、閉じられた場が一時的にでも公開されると、そこは人気の場となりうる。例えば、寺社の「ご開帳」のように、普段出会えないものが、わずかな機会にひらかれることで、その希少性が強調される。あるいは、造幣局（大阪市）の施設内に植えられた桜が咲く時期には、「桜の通り抜け」として公開され、人気を博している。現在、横須賀米軍基地である場所は、幕末以降「横須賀造船所[*3]」と呼ばれる工場群であったが、明治期には、ここが産業観光の走りとも言えるほど、観光地図が販売されたり、見学案内が催されたり、進水式を見に集まる等、日本の最先端の産業を育む場として注目されていた。後で紹介する〈オープンハウス・ロンドン〉（ロンドン、事例1）でも、普段は入ることのできない保険会社のオフィスビル等の公開は人気が高い。

　大田区の町工場では、周辺への環境配慮のために、扉やシャッターを閉めて操業してきたが、その結果、むしろ内部で何をしているのか分からない施設になっていた。これをまちにひらく契機となったのが〈おおたオープンファクトリー〉（大田区、事例12）だ。お茶の間に届くモノがどうやってつくられ、届くのかが分かると、その価値も伝わりやすい。むしろ分からない状態はトレーサビリティを重視する社会では、リスクにもなりうる。大田区の試みは、住民・工場ともにその価値を再認識する場を提供している。

2）「使い方」をひらく

　公共空間は、税金により保たれた市民全体の共有財産であり、市民なら誰でも容易にアクセスできるのが前提である。例えば、市民社会獲得の象徴でもある西洋諸国の市庁舎（とその前の広場）では、市民の祝祭や、シビルウェディングと呼ばれる市庁舎での結婚式等もよく行われている。一方、日本では、もともとひらかれているはずの公共空間が、一部の人が使用し占有することに対する公平性の担保や、機能が特定されることに伴う使い手の絞り込み等が問題にされ、容易にはひらかれてこなかった。パブリック（公共）の概念が硬直化してしまっているといえよう。

　例えば、移動を目的とした道路、治

水・利水を主にした河川では、たとえ空間が空いていても活用に対する制限は厳しい。「すべての人」に平等な状況を目指すことで、禁止事項が積み重なった公園は、結果として誰も使えない空間になってしまった。つまり、見た目はひらかれていて、中に入ることもできるが、使い方という面からは、目に見えない制度やルールというバリアで閉ざされている公共空間が多い。

近年、そんな公共空間に豊かさを取り戻す取組みが盛んとなっている。

先の河川区域内では、2000年代からオープンカフェ事業（広島市京橋川等）が進められたり、河川沿いの店舗からデッキを貼りださせた「北浜テラス」（大阪市）等、境界線を飛び越えた新しいひらかれ方も生まれている（図1・1）。

道路に関しても、道路占用許可の柔軟化や、都市再生特別措置法等を用いた道路活用の制度化が進んでいると同時に、道路を廃道し街区の中央に空間を集めて、官民連携による空間を整備した上で、ひろばとして用いる条例制定と市民主体の空間運営を実現した「富山グランドプラザ」（富山市）や、道路を廃道しないまま、広場条例と国家戦略特区を重ねて活用を実現している「アカプラ（北3条広場）」（札幌市）等、先端的な事例が積み重ねられている。

公園でも、指定管理者による多くの工夫や、都市公園内でのカフェ運営（「富岸運河環水公園」（富山市））、あるいは「南池袋公園」（豊島区）のように、事業収入の一部を維持費にあてる仕組み等、官民連携の取組みも行われている。

ただし、こういった試みはあくまで例外的なもので、普遍化には至っておらず、全体で見れば公共空間の活用に

図1・1 公共空間である河川区域上にデッキを設ける「北浜テラス」（大阪市）

図1・2 道路のパークフェス〈関内外 OPEN!8〉における道路上のにぎわい（横浜市）

は突破できない壁が残る。そこで注目されるのが、社会実験等を通じて一時的な動きを試み、そのあり方を確かめ、必要な規制緩和や活動可能な状態・空間づくりにもち込む、タクティカル・アーバニズム（戦術的都市づくり）だ。河川空間の使い方を示した前述の北浜テラスや、公園の豊かな使い方を考える〈パークキャラバン〉（横浜市、NPO法人ハマのトウダイ）の活動、道路を実験的に占用して、新たなアクティビティを模索する試み（図1・2）、あるいは、海外では、パークレット（Parklet）と呼ばれる、路上パーキングスペースを用いた取組み等が盛んだ。

　また、総合設計制度等をとおして創出された、民間敷地内の公開空地（POPS：Privately Owned Public Space）も建前上は誰でも入れるのだが、実際には曖昧な空間で、有効に使われていないことが多い。しかし、そもそも、日本の「ひろば」は、西欧のパブリックな公園や広場に比べて曖昧で、寺社の境内や武家屋敷の庭園、あるいは、橋詰空間のような場所に人は集まった。そう考えると公開空地において「緩やかなひらき方」を、再構築することもあり得るのではないだろうか。

3）「暮らし」をひらく
①私有化された「住まい」をひらく
　前述のとおり、日本のかつての民家では、冠婚葬祭はすべて自宅で行われ、ハレの場において、生活空間は地域にひらかれていたし、ケの時間（日常）でも、多くの町家やお屋敷では、執務空間（働く場）と生活空間（暮らしの場）は、同じ屋根の下にあった。しかし、近代以降、まちが有する多様な機能から暮らしが切り離されてきたことは前述のとおりだ。

　これに対して、住まいをひらく取組みも生まれている。例えば、SOHO（Small Office Home Office）のように、住まいかオフィスか分からない建築物の登場は、職住一体の場を取り戻し、ひらかれた住まいを生みだす第一歩であった。また、例えば、個人宅等のプライベート空間を舞台に、本来の用途以外のクリエイティブな手法で、セミパブリックスペースとして開放する、「住み開き」という活動も盛んだ。アサダワタル氏の著書『住み開き』によれば、「『私』が少しひらくことによる、小さな『公』の場。『住み開き』は、自分の日常生活のなかで区切られてしまっているさまざまな役割―仕事、学業、家事、趣味―を再編集し、人間同士の関係性を限りなくフラットに再構築する」とある。「住み開き」は日常をひらく点と、自分の裁量で、できる範囲内で行う緩やかさが特徴である。また、これが仕組み化され、現代の公共的施設として位置づけられ得るのが、世田谷区で展

開されてきた「地域共生のいえづくり支援事業」である。財団法人世田谷トラストまちづくりの事業制度で、住民主体による私有建物の一部あるいは全部を活用したコミュニティスペース「地域共生のいえ」づくりが支援されており、2017年現在、20以上の住宅が登録されている。

② まちとの接点をひらく

さらに、集合住宅も変わりつつある。コーポラティブハウジングやコレクティブハウジング等、自分たちの手で独自の住まいを手に入れる手法の増えつつあるなかで、共用部に集まったメンバーのための場を設けたり、この共用部をまちにひらく取組みもある。「食堂付きアパート」（目黒区）では、「小さな経済」を掲げて住民と地域が運営・利用する食堂を設けているし、「カマタ_ブリッヂ」（大田区）でも、集合住宅オーナーとクリエイターが連携して、人々と出会う路面沿いの接地階に小さくひらかれた工房・シェア空間を用意してクリエイターと地域住民との接点となる場を設けており、地域に少しでも近づくことが試みられた建築を目にする機会は増えている（図I・3）。

③「共有」（シェア）というひらき方

近年では、厳しい経済社会状況も手伝って、少しでも資産を有効に活用す

図1・3　1階にまちとクリエイターとの接点を生みだすカマタ_ブリッヂ（大田区）

るためにも、設備や空間を共有する「シェア」という考え方が広まりつつある。シェアハウスやシェアオフィス、コ・ワーキング等の形態は、もはや改めて語るまでもなく、住まい方や空間の使い方の選択肢の一つとして定着しつつある。あるいは、使っていない自宅やその一部を宿泊者に貸すAirbnbの仕組みも、「シェア」のあり方の一つとして世界的に波及しつつある。さらには、空き家の活用も、人が寄りつかなかった空間を新たな担い手の力で「ひらく」手法だと言えるだろう。しかし、全体で見ると、こうした動きはまだまだ例外的で、たとえ明確な空き家でも、権利者の「貸したくない」「売りたくない」という意思が強く、休眠資産となっていることが多い。空き家活用に関しては、ひらき方の技術開発をより高め、権利者が安心して使わせたくなる魅力的な方法が求められる。

④時代を超えてまちをひらく「ふるまい」

　このような自分の住まいやそこでの活動の一部をひらく行為だけでなく、何かを提供したり、おもてなしをする「ふるまい」も、時代を超えて見つけることができる。例えば、お伊勢参り等の時に沿道で食事を提供する「振る舞い」（施し）や、四国八十八カ所を巡るお遍路さんに、茶菓や食事をふるまったり、宿を提供したりする「お接待」がある。さらに、四国には、まちや峠の境界を通りがかった旅人に無料でお茶とお菓子の接待をする、「茶堂」と呼ばれる建物が設けられ、毎年お盆の近くになると村人が交代でここに詰めて接待をするとも聞く。これらは、いずれも、徳を施すことが、結果として自分にも戻ってくるという願いが根底にあるのかもしれない。あるいは、近年、農村部でグリーンツーリズムが普及しているが、そこでの「民泊体験」も、農村地域の食や暮らしを「ふるまい」ながら、その対価として、外部からの刺激や担い手を得るという活動とも理解できる。いずれにしても、無理をしすぎることなく、各自ができる範囲でふるまうことが、自然とまちをひらき、つながりを生む契機となりうる。

4）まちの興し方をひらく

① 建設プロセスをひらく

　都市をとりまく産業は、個人の生活に大きく影響を与えるにも関わらず、その産業や業界のなかで閉じられた「ブラックボックス」となっていることが多い。例えば、建築分野をとってみても、耐震偽装事件やさまざまな公共施設を巡る事件はいずれも、この産業の閉鎖性が原因で引き起こされたとみることができる。これに対して、1960年代、スケルトンインフィルの源流となる「オープンビルディング」を提唱したニコラス・ジョン・ハブラーケンによ

Ⅰ章　まちをひらく取組み　21

り、「インフィル」(個人レベル)・「サポート」(住棟レベル)・「アーバンティシュ」(都市レベル)という三つの概念をとおして、手の届かない大きな力によって自らの暮らしが供給されるのではなく、生活者自ら建設に参画するみちをひらくことが提唱されている。

　この提案は、コーポラティブハウジング等、一部の建築行為として具現化されたが、近年は建築物そのものよりも、建築のつくり方のプロセス、あるいは、建築をとおしたコトの興し方自体がまちにひらかれつつある。日本建築学会編『まち建築』によれば、「まち建築」とは、「まちを生かす建築のいとなみ」であるとされているが、建築の企画時点から、施工、管理まで、その過程に市民が関わる機会をつくることで、一般的に遠い存在である建設行為も、人や地域にひらく取組みとなりうる。例えば、与えられた「与条件」に立ち返って建築企画自体からいろんな人が集まってから考えるリノベーションの取組みや、市庁舎や公共建築等を計画する際に、市民参加型のワークショップ等を重ねて、建設プロセスに参加する取組みも増えてきている(例えば、多様な市民活動のためのスペースを内包した複合的図書館「りぶら」(岡崎市)では、計画段階から活用団体を含めた検討がなされ、横浜市新市庁舎建設に際しては、低層部のあり方を検討するために「横浜市新市庁舎に『ひろば』をつくる会議」が開催された)。

　また、近年では、工事中の「現場」をひらく試みもある。ドイツ、ハンブルグのハーフェンシティやベルリンのポツダム広場等では、開発中の工事現場にインフォメーションセンターが用意され、見学ツアーの対象となるほどである。日本でも、そこまで思い切りはよくないが、仮囲いを透明にして工事現場がのぞけるようにしたりすることはある。〈have a yokohama 横浜駅西口仮囲い編集室〉(横浜市)では、仮囲いを雑誌のように見立てて3か月に一度、情報を更新し、通行人との新たなコミュニケーションが生まれる仕掛けとして活用している(図1・4)。

　また、より小さな取組みであるが、DIYで自らの住まいや生活環境を手に

図1・4　工事中の仮囲いでコミュニケーションを図る〈have a yokohama 横浜駅西口仮囲い編集室〉(横浜駅西口駅ビル工事)

入れる動きも盛んだ。例えば、R不動産も関わる「toolbox」という取組みでは、こうしたDIYを支える改修用製品をカタログ化して取り揃え、文字どおり「道具箱」の提供をビジネスとしている。

②建築の一生を愛でる

　さらに、建築の一生を人間の一生のように愛でる取組みもある。従来から建物を建てる際には、地鎮祭や上棟式、竣工式等、式典を催すのが一般的だが、竣工後のお祝いは珍しい。〈けんちく寿プロジェクト〉(熊本市)では、建物の「成人式」(熊本北警察署)や、「還暦」祝い(熊本逓信病院(現くまもと森都総合病院))等、建築物を擬人化した式典が行われている。また、横浜黄金町地区に戦後数年して建てられたかつての旅館(その後住宅、倉庫として使われたのち、廃屋となっていた)を期間限定で活用した〈竜宮美術館プロジェクト〉(建築を学んだカフェユニットLPACKとNPO法人が連携して運営)では、建物が取り壊しとなる直前に、「終活」と呼ばれる展覧会が開催された。

5)「まちへの意識」をひらく

①まちに潜り込んで「ひらく」

　まちの元気を取り戻し、活力ある状態にするためには、まちのなかに潜りこみ、トロイの木馬よろしく、内部から変えていく、ツボ押しのような手法も考えられる。例えば、「ヨコハマホステルビレッジ」(横浜市)では、いわゆるドヤ街(簡易宿泊所街)のビルに発生した空き部屋を、部屋ごとに借り受け、窓口で鍵を管理し、バックパッカー等に安宿として提供する事業を行っている。ここはかつては日雇い労働者、現在では生活保護者が多く暮らす、一般的には近づきにくいまちだった。そこに入り込み、プロジェクトが展開されたことによって、バックパッカーが訪れるようになり、今ではまちに元気が注入されるようになった。そしてそこに潜り込んで事業を実施しているのは、大学では建築を学んだ代表が設立した、都市・建築、社会、経済を結びつけながら社会課題を解決するコトラボ合同会社である。

　〈HAGISO-HANAREプロジェクト〉(台東区)は、使われなくなった木造住宅をゲストハウスに改修したものだが、ここには部屋だけが用意されている。文化体験だけではなく、食堂やお風呂もまちの食堂や銭湯を訪れることになり、宿泊客は自然とまちを使い倒すことになる。さらに、その窓口は、お寺の敷地で住職が経営していた木賃アパートをリノベーションした地域拠点「HAGISO」(カフェ・ショップ・ギャラリー)の中の受付だ。この仕組みの運営を行っているのは、かつて周辺の大学に通いながら、このアパート「萩荘」に暮らしていた建築家の事務所である。

こうした宿泊施設をまちに潜り込ませることで、まちにひらく試みは、各地で見られつつある。

また、市街地裏の丘の上に設けられたアパートを改修してできたゲストハウス「CASACO」（横浜市）は、「ヨコハマ市民まち普請事業」*4の支援を受けて設置された公共「的」施設である。海外からの旅人（中長期滞在者）を受け入れながら、運営主体（自転車で世界一周を重ねたのちに外国人も集まるゲストハウスをつくりたいとしてこのプロジェクトを始めたリーダーや、地域を考える建築家、プライベートで関わる会社員等混成メンバー）自ら、バーやイベントを開催したり、場をマネジメントすることで、地域の人々もそうでない人も緩やかに融合する不思議な交流空間が生まれている。通常はやってくるはずもない人たちがまちに入り込み、地域も刺激を受けている（図I・5）。

②光を観して「ひらく」

少子高齢化の進む縮減時代に突入している日本の諸地域では、人口は自然減を続け、地域社会を持続するために、外部の力を必要としている。また、地域資源というものは内部の住民自身では見つけきれず、外部の目線で捉え直すことで再発見されうる。こうした課題に対して、地域を包括的にひらく取組みとして盛んに行われているのが、地域の隠れた資源を顕在化して「光を観す」*5、「観光まちづくり」である。

例えば、〈大地の芸術祭〉（新潟県十日町市・津南町）や、〈瀬戸内国際芸術祭〉（岡山県・香川県）をはじめとしたアートイベントは、トリエンナーレ（3年に一度）もしくはビエンナーレ（2年に一度）として開催され、外部の先端的・国際的なアートやその活動を地域に挿入し、そこに各地から訪れる人たちと交わることで、普段気づかない地域の魅力がえぐりだされる（図I・6）。

また、「エコ・ミュージアム」という取組みは、個別に存在する地域の資源を、地域の文化・歴史・地形・気候等を読み込みながら紡ぎ、地域をまるごと一体的に見せる活動である。

こうした活動を行う際、「着地型観光」、つまり、地域まちづくりの持続・豊かさ向上を目的とし、市場経済に飲み込まれ、地域資源の魅力が外部に消費尽くされることのない取組みを心がけたい。例えば、〈長崎さるく〉（長崎市）では、「市民の市民による市民のための観光」を目指し、市民がそれぞれ考えた数十のまちあるきルートが個別にマップ化されて、市民を大切にした新たなまちの魅力が提示されている。

3 まちをひらく意義

ここまでまちをひらく手法を述べてきたが、これらに共通する、まちをひ

らく意義とはどこにあるのだろうか。

第一に、市民のアクセスを高める手法として有効である点である。店舗やギャラリー等は、もともと不特定多数の出入りを前提にひらかれているが、都市には立入ることのできない空間が、思いのほかたくさんある。閉ざされてしまった都市空間のなかに、市民が少しでもアクセス可能な場所を増やしていくことで都市への関心や愛着の醸成、都市への関与や価値の交換等による相乗効果が期待される。

次に、都市空間の間接的な価値向上である。自ら関わる場所・空間が少しでも外部の目線に触れることで、個々の私有財産や公共空間の「磨き上げ」につながり、都市空間の価値を向上させるきっかけを生み出す。他者に見られる、あるいは、他者が介入する関係が生じると、所有者は自然と自らの空間を「整える」姿勢をもつ。この磨き上げの力が積み重なると、地域のブランディングや観光につながっていく。

第三に、縮小時代における資源の有効活用が期待できる点である。人も資金も限られるなかで、まちをひらき、さまざまな主体がまちを使いこなし、使いたおすことで、少しでも有効に資源を活用し、豊かさを獲得していくことが期待される。しかも、「ひらく」だけならコストもかからず、負担も少なく始めることができる。

最後に、いずれも、個々人がまちの一員であることを意識させる手法だという点である。公共空間・私有財産に関わらず、どれも地域やまちの一部であることを何らかの形で意識し、共有財として、少しでもまちに関わるきっかけを生みだす。その建物や空間のみならず、そこに関わる自分自身がまち

図1・5 まちに緩やかにつながる軒下空間で交流が行われる「CASACO」(横浜市)

図1・6 地域に広がる資源を採りこんだ越後妻有〈大地の芸術祭〉のインスタレーション

1章 まちをひらく取組み 25

の一員であり、自分が暮らし、はたらき、ふるまうその行動自体もまちに関わる要素であることに気づくことは重要だ。まずは、まちでの暮らしや営みを楽しみ、ひらくことに身を委ねる機会が増えること、そして、市民が「自発的に」「自律的に」「自然に」まちと関わることで、「自分ごと」としてまちを捉えることが重要である。

4 まちをひらくオープンシティ・プログラム

このように、まちをひらく取組みといっても、そのあり方は多様である。本書は紙面の都合上オープンシティ・プログラムと呼べる、ある独特の仕組みに乗ったものに絞って扱うこととした（図1・7）。それは、後で詳しく述べるとおり、「ある一定の地域において、集積する地域資源を期間限定で一斉に公開する取組み」である。そこでは、各自が所有・利用している（主に私的な）空間を、自主的にひらくことを前提としている。その上で、これまで認識されていなかった物的環境を「資源」に昇華させ、これが「地域の価値」となっている取組みをとりあげた。各事例は、一人ひとりが、自らまちに参画する一員であること、そして何より自らの活動や佇まいの瑞々しい活力を表明すべく、「まち『に』ひらく」と同時に、

まちや地域全体の価値を高め、地域の誇りやアイデンティティを生みだすためにも、時には、計画的に地域を束ね、あるいは、自己組織的に集まって、「まち『を』ひらく」ことにトライしている。

このオープンシティ・プログラムは、理念以上に実践を重視している。〈オープンハウス・ロンドン〉（事例1）の考案者ヴィクトリア・ソーントン氏は、活動を行うためのステップとして、「体験（Experience）」「対話（Dialogue）」「エンパワーメント（Empowerment）」「提言（Advocacy）」の四つを挙げており、現場に触れること、それに対して活動者同士が対話し、自らの力をつけ、まちのあり方について発信していく、自分の力を高めるためのプログラムであると述べている。まず自分たちでやってみることではじめて見えてくるものがあり、次の展開を考える引き出しが増える。その意味でも、現場での実践プログラムである必要がある。同時に、教育、まちへの愛着向上、そして、全国組織をつくったり、さまざまな活動を掘り起こす「運動」としての意義も意識している。氏も、この取組みの目的を、都市・建築デザインが有する価値を見出し、市民（子どもや議員を含む）に向けての教育を通じて、価値観を醸成することであると言い、イベントの運営団体である「オープン・シティ」は、日常的に子どもや政治家に対する教育

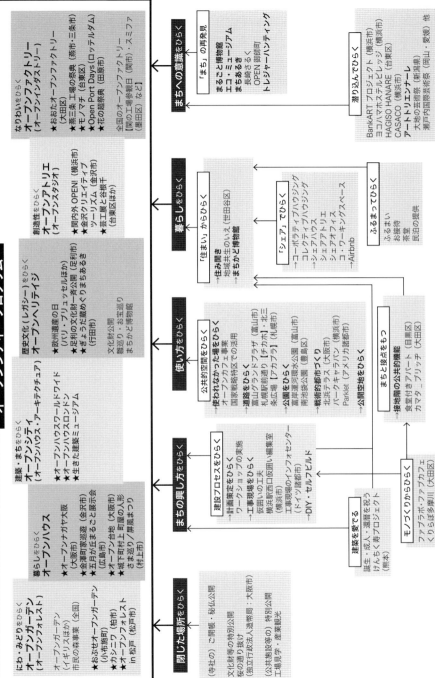

図1・7 まちをひらく取組みの全体像

プログラムを企画運営している。

　対して日本では、生活に密接しているはずのまちや建築を学ぶ教育は、ある一定の専門分野に進まない限り身につけることができない。あるいは、経済社会状況が厳しくなっている情勢を反映してか、多くのまちづくり活動が「活性化」を第一義として進められ、活性化をもたらす価値となる材料の育成よりも、表層の活性化指標（イベント当日の売上げや参加者数等）に目がいきがちで、本来の目的を見失っている場合もある。その意味でも、まちへの意識や見方（リテラシー）向上のために、「まちを学ぶ」場の創出が求められている。本書に掲載されている多くのオープンシティの事例では、このような「都市」への公共意識をより高めるために、都市資源を「面的資源」「ネットワーク資源」として捉え直し、学び直す活動、そして、地域を「集合体」として意識しながら愛着を醸成するイベント・取組みが試みられている。そして、こうした小さな取組み一つひとつはまだとても弱い存在であるが、お互いの取組同士が連携しあい、「運動体」として活動することによって発信力と活動のうねりが求められている。

　本書では、こうしたオープンシティ・プログラムを通じて、建築物のみならず、暮らしのなかの「住まい」や「庭」、まちのいとなみと「なりわい」、新しい「創造性」、地域生活のなかに根づいた「歴史文化」、まちに眠っている地域の「特異点や構造」等、さまざまな地域資源をテーマ型で切り出し、地域が潜在的に有する魅力を顕在化させること、そして、これをとおした市民のエンパワーメントについても想いを馳せている。地域資源を顕在化することは、閉じられたまちに、閉じられた心に、楔（くさび）を打つための手がかりである。

　最終的には、まちがひらかれることで、外部からの刺激を吸収して、自ら価値を高め、生み出す、これが発信されることでさらなる刺激やモチベーションを得るという、循環による価値向上を目指している。オープンシティ・プログラムが、こうした「まちへの関わり方」のきっかけとなり、まちへの愛着と意識を醸成することに少しでも役立てばと願っている。

*1　「都（みやこ）」の意味には「宮処」、つまり為政者の中心（宮殿等）があるところ、という意味が含まれる。
*2　共有財産が、細分化あるいは私有化されることによって、社会的に有用な資源として活用されなくなってしまうこと。
*3　1865年に横須賀製鉄所としてひらかれ、1971年に横須賀造船所に改称、1903年に横須賀海軍工廠となる。
*4　市民自ら身近なまちの整備に関する企画を提案、2段階にわたる公開コンテストを経て選考されると、最大500万円のハード整備補助が交付される横浜市の事業。
*5　中国の古典『易経』の中にある「観国之光」（国の光を観る、あるいは観（み）す）が観光の語源であるという説がある。

2章 オープンシティ・プログラムとは何か？

床一面に広げられた大判の航空写真に乗り、鳥の目で自分たちのまちの過去・現在・未来を語り合う
〈景観まちづくりウィーク・茅ヶ崎2〉

1 まちを「ひらく」ための「オープンシティ・プログラム」

　建築を対象としたオープンハウス、庭を対象としたオープンガーデン、工場を対象としたオープンファクトリー、スタジオ・アトリエを対象としたオープンスタジオ等が、近年その名称とともに定着しつつある。本書では、これらを「オープンシティ・プログラム」と総称し、まちを「ひらく」取組みとして取り上げる。

　オープンシティ・プログラムでは建築や庭を「開放する」「公開する」「アクセスを向上させる」といった仕掛けをベースに、資源の建設プロセスや歴史性といった「情報」を周知・啓発したり、あるいは人の「ふるまい」や「意識」をよりひらかれたものにしていくことが大事にされている。

　主催者やその動機、アクションが多様な一方、「ひらく」対象となる建築や庭等、資源の多くには、共通してみられる特徴がある。それらが日常的には限られた人々のみが利用するプライベート（私的）な空間である点だ。住宅はそこに住む家族が、オフィスや作業場

2章 オープンシティ・プログラムとは何か？　29

においては経営者や従業員が、貴重な文化財や自然環境は管理者や専門家が、それぞれの目的に応じて独占的にアクセスし利用している場合が多い。

ここで、「オープンシティ・プログラム」という用語について、二つの視点から考え方を整理しておきたい。一つは、上記のとおり、既に実施されているさまざまな「オープン○○○」という取組みを包含し、総称するというものである。くわえて、建築、庭、工場といった一般的に存在が認知されやすい資源だけではなく、発掘、認知、共有のプロセスを経ることで地域のいかなる資源でも「オープン○○○」として、このプログラムの対象になり得ることを示唆している。実際、ビニルハウス（温室）やフォレスト（森）等、新たなタイプのオープンシティ・プログラムも増えている。

もう一つは、このプライベートな空間を期間限定で一斉に「ひらく」取組みは、まちを「ひらく」取組みの一部として行われる場合が多い。例えば、建築の一斉公開プログラム〈生きた建築フェスティバルミュージアム大阪（以降、イケフェス大阪）〉（大阪市、事例3）は、大阪市政による建築をベースとしたエリアプロモーションとしての「生きた建築ミュージアム事業」における3本柱の一つとして、選定事業や再生事業とともに実施されてきた。また、千葉県

柏市で行われているオープンガーデンは、みどりの保全・創出事業としての〈カシニワ〉（千葉県柏市、事例10）の一環として行われている。つまり、地域資源の一斉公開イベントは、独立したイベントではなく、まちを「ひらく」こと＝オープンシティを目指すための一つのアクションプログラムとして位置づけられる。そういった意味で「オープンシティ・プログラム」と本書では名付けた。

2 オープンシティ・プログラムの基本要件

1) 特定のテーマにもとづいたプライベートな資源を対象とする

オープンシティ・プログラムでは、日常的には特定の人々によって独占的に利用されているプライベートな資源が公開対象となる。例えば、住宅や個人庭のような家族のための空間、オフィスや工場のような社員・従業員の仕事のための空間、確実な保護の必要性から普段は一般の人々の目には触れることのない文化財や自然環境等である。この独占的利用の状態を一時的に一般の人々に広げる試みである。さらに、特定のテーマのもとで選ばれたものが公開の対象となる。「優れたデザインの建築」や「生きた建築」（p38で詳述）という具合に対象が限定される場合や、

地域の特徴的な資源として自ずと庭、工場、スタジオ等の特定の資源が浮かび上がってくる場合がある。

2）一定範囲の地域で実施する

ある一定の圏域、すなわち社会的、文化的、あるいは地形的にまとまりのある範囲、自治体の範囲、特徴的な界限等を対象エリアとして実施されるものとする。

3）複数資源を一斉公開する

顕著な資源のみに依存するのではなく、地域内に存在している同質の性格を有する複数の資源を地域ぐるみで一斉に公開する。例えば重要文化財である建物一件を特別公開するようなイベントではなく、文化財の指定はなくとも同テーマ、同種の性格・魅力をもつ複数の資源を対象とする。

また、複数資源の公開が、要件②の範囲を顕在化することもある。どこに資源が集積しているのか、あるいはどの範囲に分布しているのか、明らかにしてくれる。

4）時間・期間限定で公開する

プライベートな資源の公開を実現するためには、時間や期間を限定する必要がある。また、これによりイベントとしては、実験的、仮設的、広告宣伝的性格を帯びたものとなる。

3 全国での実施状況

では、この四つの基本要件に当てはまるオープンシティ・プログラムが全国でどれくらい実施されているだろうか。筆者らはまず、全国の地方自治体の観光部局や観光協会へのアンケート調査(2015年4月に実施)、ならびに主要新聞(日本経済新聞、朝日新聞、毎日新聞、読売新聞)*¹紙上で報道された過去の取組みを調査し、さらには筆者らの独自の調査によって得られたものを加えて、一覧表にまとめた(表2・1)。

ここでは、まずプログラム名称と主催団体の傾向を概観した上で、それぞれの基本要件への適合状況をみるために、1)公開対象となる資源の特徴、2)プログラムの開催エリア、3)公開される資源の数、4)開催期間について、全体的な傾向を読み取ってみたい。

1）プログラム名称と主催団体

プログラムの名称で多いのは地域名(△)と資源名(○)を冠したものであり、「△△△オープン○○○」「△△△○○○一斉公開」「△△△○○○特別公開」といった具合に、「オープン」もしくは「公開」という語が併せて使われている。

一方、〈五月が丘まるごと展示会〉(広島市、事例6)や〈スミファ〉(墨田区)のように、名称だけでは一見何が公開対象となっているか分からないものもある。前者は、住宅団地内の住宅

2 章　オープンシティ・プログラムとは何か？　31

表 2・1　全国に広がるオープンシティ・プログラム一覧（2016 年の調査時点）

	事例番号	プログラム名称	主催者
建築	事例 1	オープンハウス・ロンドン	オープン・シティ
	事例 3	生きた建築ミュージアムフェスティバル大阪	生きた建築ミュージアム大阪実行委員会
		たてものがたりフェスタ	広島県
		オープンハウスカゴシマ	オープンハウスカゴシマ実行委員会、文化薫る地域の魅力づくり実行委員会、鹿児島市
暮らし	事例 4	オープンナガヤ大阪	オープンナガヤ大阪 2016 実行委員会
	事例 5	金澤町家巡遊	NPO 法人金澤町家研究会 金澤町家巡遊実行委員会
	事例 6	五月が丘まるごと展示会	五月が丘まるごと展示会実行委員会
	事例 7	オープン台地	オープン台地実行委員会
	事例 8	城下町村上 町屋の屏風まつり	村上町屋商人会
	事例 8	城下町村上 町屋の人形さま巡り	村上町屋商人会
		楽町楽家	京町家友の会
		町家の雛めぐり	天の川実行委員会
		信州須坂「わくわく」おひなめぐり	信州須坂の町の雛祭り実行委員会
		城下町ひじ雛めぐり	城下町ひじ　ひな巡り実行委員会
		引田ひなまつり	引田ひなまつり実行委員会
		うれし楽し蔵 de ひなまつり	粋々まちなかプロジェクト
		西国街道ひな人形めぐり	西国街道ひな人形めぐり
		天領日田おひなまつり	日田市観光協会
庭	事例 9	おぶせオープンガーデン	小布施町産業振興課
	事例 10	カシニワ・フェスタ	カシニワ・フェスタ 2016 実行委員会、一般財団法人柏市みどりの基金、柏市
	事例 11	オープンフォレスト in 松戸	オープンフォレスト in 松戸実行委員会、松戸市
		白岡市オープンガーデン	ホワイトヒルズガーデン
		港北オープンガーデン	港北オープンガーデン運営委員会・港北区役所
		小平オープンガーデン	小平市グリーンロード推進協議会
		田主丸オープンガーデン	田主丸オープンガーデン彩の会
		オープンガーデン加須	加須市環境政策課
		信州須坂オープンガーデン	須坂市まちづくり課
		オープンガーデンおうしゅう	奥州市都市整備部都市計画課
		しきしまオープンガーデンフェスティバル	前橋市まちを緑にする会事務所（前橋市役所公園緑地課内）
		伊豆オープンガーデン	伊豆ガーデニングクラブ
		流山オープンガーデン	ながれやまガーデニングクラブ花恋人
		阿波オープンガーデン	阿波オープンガーデンクラブ、阿波市観光協会
なりわい	事例 12	おおたオープンファクトリー	おおたオープンファクトリー実行委員会
	事例 13	モノマチ	台東モノづくりのマチづくり協会
	事例 14	燕三条 工場の祭典	「燕三条 工場の祭典」実行委員会
	事例 15	花の超祭典	田原市
	事例 16	ワールドポートデイズ	ワールドポートデイズ財団
		関の工場参観日	関の工場参観日実行委員会
		川崎北工業会オープンファクトリー	高津ものまちづくり会
		港北 OPEN FACTORY	横浜市港北区役所
		スミファ	スミファ実行委員会（配財プロジェクト）
		A-ROUND	エーラウンド実行委員会
		科学技術週間一般公開	研究交流センター
クリエイティビティ	事例 17	関内外 OPEN!	公益財団法人横浜市芸術文化振興財団
	事例 18	芸工展	芸工展実行委員会
	事例 19	金沢クリエイツツーリズム（オープンスタジオデー）	クリエイティブツーリズム実行委員会
		スーパーオープンスタジオ	Super Open Studio NETWORK
レガシー	事例 20	欧州遺産の日（フランス）	文化省
	事例 20	欧州遺産の日（ブリュッセル）	ブリュッセル首都地域政府
	事例 21	足利の文化財一斉公開	足利の文化財一斉公開実行委員会・足利市教育委員会
	事例 22	ぎょうだ蔵めぐりまちあるき	NPO 法人ぎょうだ足袋蔵ネットワーク
		今井町並み散歩	今井町並み保存会・今井町自治会
		増田『蔵の日』	増田『蔵の日』実行委員会
		東京都文化財ウィーク	東京都教育委員会
		常陸太田市指定文化財集中曝涼	常陸太田市教育委員会文化課
		筑後川流域装飾古墳一斉公開	北筑後文化財行政連絡協議会
		菊池川流域古墳一斉公開	県立装飾古墳館
		山口お宝展	山口商工会議所山口お宝展実行委員会
		大牟田・荒尾の近代化遺産一斉公開	大牟田市世界遺産登録・文化室
		京都非公開文化財特別公開	京都古文化保存協会
		京都浄土宗寺院特別大公開	浄土宗京都教区
		博多山笠飾り山一斉公開	博多祇園山笠振興会
		山ノ下寺院群一斉公開	ＮＰＯ法人たぶんかネット加賀

開催エリア	対象資源	公開数	開催期間
イギリス・大ロンドン全域	建築全般	約750	9/17-9/18
大阪府大阪市	建築全般	70	11/5-11/6
広島県	建築全般	40	10/15-11/13
鹿児島県鹿児島市	建築全般	45	12/3-12/4
大阪府大阪市	長屋	32	11/12-11/13
石川県金沢市	町家	40	9/18-9/25
広島県佐伯区	住宅（＋趣味活動）	30	5/1-5/3
大阪府大阪市	活動	41	11/27-12/6（2015年）
新潟県村上市	屏風（住宅等）	79	9/15-10/15
新潟県村上市	雛人形	77	3/1-4/3
京都府京都市	町家	8	5/24-6/1（2014年）
奈良県高取町	雛人形	92	3/1-3/31
	雛人形	74	3/1-4/3
大分県日出町	雛人形	41	2/7-3/13
香川県東かがわ市引田	雛人形	60	2/27-3/3
仙台市、白石市＋大河原町＋栗原市	雛人形	23	2/27-3/3
京都府向日市	雛人形	31	2/27-3/3
大分県日田市	雛人形	14	2/15-3/31
長野県小布施町	庭	121	庭ごとに期間が異なる
千葉県柏市	庭	75	5/14-5/22
千葉県松戸市	民有林	17	5/14-5/23
埼玉県白岡市	庭	22	4/23-4/24、5/21-5/22
神奈川県横浜市港北区	庭	65	4/22-23、5/13-15
東京都小平市	庭	27	庭ごとに期間が異なる
福岡県久留米市田主丸町	庭	18	4/29-5/8
埼玉県加須市	庭	10	4-6月
長野県須坂市	庭	43	庭ごとに期間が異なる
岩手県奥州市	庭	23	庭ごとに期間が異なる
群馬県前橋市	庭	18	5/21-5/22
静岡県伊東・伊豆高原	庭	約20	庭ごとに期間が異なる
千葉県流山市	庭	31	5/15-5/17
徳島県阿波市阿波町	庭	11	5/14-5/16
東京都大田区	工場	53	11/26-12/3
東京都台東区南部地域	工場	150	5/27-5/29
新潟県燕市・三条市	工場	59	10/6-10/9
愛知県田原市	温室	8	2/20-2/21
オランダ・ロッテルダム	港湾施設	55	9/2-9/4
岐阜県関市	工場	22	8/24-8/27
神奈川県川崎市高津区	工場	12	6/4
神奈川県横浜市港北区	工場	8	2/13-2/14、3/5
東京都墨田区	工場	12	11/26-11/27
東京都台東区北部	工場	150	10/14-10/16
茨城県つくば市	研究機関	29	4/18-4/24
神奈川県横浜市	アトリエ	30	11/5-11/6
東京都台東区等	店舗、アトリエ等	96	10/8-10/23
石川県金沢市	スタジオ	10	11/1-11/3（2015年）
神奈川県相模原市	スタジオ	23	10/15
フランス全土	文化財全般	1万7000	9/17-9/18
ベルギー・ブリュッセル	文化財全般	97	9/17-9/18
栃木県足利市	文化財全般	63	11/19-11/20
埼玉県行田市	蔵	16	5/21-5/22
奈良県橿原市今井町	民家	約10	5/7-5/15
秋田県横手市増田町	蔵	26	10/4
東京都	文化財全般	62	10/29-11/6
茨城県常陸太田市	仏像、絵画等	22	10/15-10/16
福岡県筑後川流域	古墳	6	4/16
熊本県和水町・山鹿市・菊池市	古墳	8	10/30、11/27
山口県山口市	文化財全般	10	2/27-4/3
福岡県大牟田市・荒尾市	近代化遺産	9	11/3
京都府京都市／八幡市	寺院、神社、美術工芸品等	38	10/28-11/7
京都府	寺院	44	10/1-10/16
福岡県福岡市	飾り山（山車）	14	7/1-7/15
石川県加賀市	寺院	8	10/8-10/10

やそこでの趣味活動を公開し、後者は
「する・みる・ふれる・あらまと驚く2日
間」という標語の頭文字から名づけら
れたものであり、工場公開プログラム
の本質を捉えた名称が付けられている。
ただし、サブタイトルを付す場合が多
く、対象資源の説明を補足している。
前者は「自宅を開放、アートのある生
活、上手に楽しく」、後者は「すみだ
ファクトリーめぐり」という具合である。

主催団体に関しては、行政、NPO、
企業、市民団体、資源の所有者等が資
金や人的資源を出しあった上で、企
画・運営の体制をつくる実行委員会形
式をとることが多い。そのなかで、文
化財(歴史文化遺産)や庭の一斉公開プ
ログラムに関しては、文化財保護行政
やみどり行政の一部として実施される
場合が多く、行政の担当課が主催者と
なっているケースがみられる。

2) 公開対象となる地域資源

具体的にはどのようなものが資源と
して扱われているのだろうか。一般的
な資源類型に即して考えてみると、大
きくは、①現代の生活やなりわい等の
日常的営みに立脚したもの、②過去の
ある時点で個人、地域、国家に対して
重要な役割を果たしていたものの二つ
に分けることができる。

前者①については、建築内部と外部
に分けられ、建築は多様なタイプが対

象となる。用途でみると、住宅、業務、
工場、アトリエ・スタジオ等、様式で見
ると、町家、長屋、一戸建て(団地)が、
対象となっている。また、〈オープン
ハウス・ロンドン〉(ロンドン、事例1)
や〈イケフェス大阪〉(事例3)の事例の
ように、特定の用途や様式にとらわれ
ない建築全般を対象とするものもある。
外部環境については、庭(ガーデン)、
森(フォレスト)があり、くわえて内部
と外部の中間的存在である温室(ビニ
ルハウス)も対象資源として取り上げ
られている。

一方、後者②については、時代や種
別もさまざまだが、時代に関しては、
古代から近代・現代まで、前述の町家
や長屋は、現代との強いつながりのあ
る歴史文化遺産であると言える。種別
としては、古民家、蔵、古社寺等の建
造物、近代化遺産、古墳等の史跡とい
った不動産系と、仏像、古文書等の美
術工芸品といった動産系がみられる。
また、一般的には法や条例に基づく文
化財保護の対象となることが難しい各
家に大切に保管されている人形や屏風
等も対象となっている。これまでの資
源類型を整理したのが、表2・2である。

次に、これらの資源をオープンシテ
ィ・プログラムの根幹を成す「プライ
ベート性」という観点から、①生活資源、
②なりわい資源、③貴重資源、④潜在
資源に分けて、対象資源の特徴を述べ

ていきたい。

①生活資源

生活のための場として基本的には家族や住民以外は立ち入ることができない、もしくは立ち入る必要のない資源（住宅、庭、団地等）が公開される。また、その空間の物理的特徴よりも、そこをベースとする住まい方（ライフスタイル）に重きが置かれることもある。

住宅を対象としたプログラムとしては、〈金澤町家巡遊〉（石川県金沢市、事例5）、〈オープンナガヤ大阪〉（大阪市、事例4）、〈楽町楽家〉（京都市）等が挙げられる。

住宅が公開される場合、家主（所有者）やその家族等が、訪問客をもてなし生活空間を案内している。実際、多くの住宅では、見学者が自由に内覧するだけではなく、住まい手自らが、建築や暮らしに関する解説を行うコンテンツが組み込まれている。京都（町家）、

大阪（長屋、事例4）、金沢（町家、事例5）の事例では、建築物の改修・修繕方法や空き物件情報を提供するプログラムもみられ、住み続けることや、新たな住まい手を招き入れることを目指している。

他方、個人庭も生活資源の一つである。オープンガーデン（長野県小布施町ほか）は、各地で実施されているが、個人庭を公開するものが多く、一般訪問客の個人庭への立ち入りが許され、草花・庭木の美しさやガーデニング技術を鑑賞するとともに、所有者との会話を楽しむことができる。

以上は単体の住宅や庭を点的に公開するものだが、一方で住宅団地すべてが対象となるような、面的な公開プログラムもある。例えば、〈五月が丘まるごと展示会〉（事例6）は、成熟した団地住民の趣味活動（手芸、工芸、園芸、陶芸等）を各住宅で披露する取組みで

表2・2　オープンシティ・プログラムの対象資源の分類

①現代の生活や生業等の営みに立脚したもの	建築内部	建築全般	
		用途	住宅、業務、工場、アトリエ・スタジオ等
		様式	町家、町屋、一戸建て等
	中間	ビニルハウス（温室）	
	外部環境	庭、森等	
②過去のある時点で個人、地域、国家に対して重要な役割を果たしていたもの	時代	古代～近世	古墳、古社寺、古民家、蔵等
		近代～現代	近代化遺産、町家・長屋、蔵等
	種別 不動産	建造物	古民家、蔵
		史跡	古墳、近代化遺産等
	動産	美術工芸品	仏像、古文書等
			家宝（雛人形・屏風）

ある。
　このように、住宅にしても、庭にしても、各資源の所有者が生活上のプライバシーと折り合いをつけながら、資源公開を実現させている(図2・1)。

②なりわい資源

　普段は基本的に経営者や社員以外は立ち入ることのない仕事場(工場、アトリエ、ビニルハウス等)も公開される。また、生活資源の住宅や庭と同様に、公開対象としている施設や空間の物的環境と同時に、そこでのなりわい(ワークスタイル)にも光が当てられる。実際、仕事場として、工場を対象とするオープンファクトリー、スタジオやアトリエを対象とするオープンスタジオ・オープンアトリエ等が、全国各地で実施されている。

　東京都台東区、大田区、墨田区、新潟県燕市・三条市等で行われているオープンファクトリーでは、普段入ることのできない工場内部において、工場関係者との交流が行われ、経営者や職人による解説、消費者向け製品の販売、モノづくり体験やワークショップ等、各々趣向を凝らした企画が提供される。製品、機械、技術、さらに建物、人物まで含めてトータルで、なりわいとしてのモノづくりの魅力を伝えることに注力している(図2・2)。

　オープンスタジオ・アトリエとしては、〈関内外OPEN!〉(横浜市、事例17)のように、クリエイター、デザイナー、建築家等のアトリエやオフィスが公開され、作家や建築家たち自らが、仕事について語ることが大事にされている。

③貴重資源

　文化財や緑地等の貴重な地域資源は、日常的には適切な管理や保護措置を講じる必要性から、建造物内部や敷地への立ち入りが制限されることがある。しかし、オープンシティ・プログラム

図2・1　生活資源へのアクセス。京都市の〈楽町楽家〉(左)と小平市の〈小平オープンガーデン〉(右)

では、その貴重な価値を伝えるために、時間・期間を区切り一般公開を行っている。

〈今井町並み散歩〉(奈良県橿原市)では、歴史的町並みを構成する複数の重要文化財や県指定文化財の民家が一斉公開される。〈筑後川流域装飾古墳同時公開〉(福岡県)や〈菊池川流域古墳一斉公開〉(熊本県)では、広範囲に点在する古墳内部が特別公開される。

一方、美術工芸品のような動産文化財も公開対象となる。普段は、博物館等の収蔵庫や個人宅の蔵に保管されている資源が一斉公開される。〈常陸太田市指定文化財集中曝涼〉(茨城県常陸太田市)では、古文書等の虫干しのタイミングに合わせて、貴重資源の一般公開を行っている。また、家庭で保管されている雛人形を各家の店の間、玄関先、軒先等に展示する〈町家の雛めぐり〉(奈良県高取町)や、同様に人形や屏風を展示する〈城下町村上 町屋の人形さま巡り／屏風まつり〉(新潟県村上市、事例8)は、10年以上続く人気のプログラムである。

もともと、文化財は「公開する等その文化的活用に努めなければならない」旨が文化財保護法(第4条)に明記されている。そのため、文化財保護行政の一環として、全国あるいは特定の地域内に存在する文化財を対象とした一斉公開は、比較的早くから取組まれていた。毎年11月1日から7日までの1週間、国民が文化財に親しむことを目的に「文化財保護強調週間」が1969年に定められている。このなかで、文化財の一斉公開に該当する企画も多数立案されている(〈東京文化財ウィーク〉(東京都)等)。さらに、近代化遺産の価値や魅力を広く一般的に普及するための、全国を対象とした一斉公開プログラム〈近代化遺産全国一斉公開〉が2005年よ

図2・2 なりわい資源へのアクセス。岐阜県関市〈関の工場参観日〉(左)と墨田区の〈スミファ〉(右)

2章 オープンシティ・プログラムとは何か？ 37

り実施されている。

貴重な自然環境を対象としたものとして、〈オープンフォレスト in 松戸〉（千葉県松戸市、事例11）があり、民有林の管理を請け負っている市民ボランティア団体が、それぞれの担当する森で、来訪者を迎えいれる。管理上の問題から日常的に一般市民が入ることのできない森にアクセスし、森の環境を楽しむと同時に、管理団体の活動内容を知ることができる。

④潜在資源

地域において、仮に優れた資源が存在していても、明確な価値づけがなされていない、あるいは情報が十分に発信されていない等の理由から、これまで一部の専門家や日常的利用者の間でしか、その価値が共有されていなかった資源がある。本書では、これを潜在資源と呼ぶ。

例えば、〈イケフェス大阪〉（事例3）では、「ある時代の歴史・文化・市民の暮らしぶりといった都市の営みの証であり、さまざまな形で変化・発展しながら、今も生き生きとその魅力を物語る建築物等」を「生きた建築」として定義し、これまであまり光が当てられてこなかった戦後のオフィス建築や商業建築の価値を、イベントを通じてひろく発信している。同様に、英国ロンドンにおける〈オープンハウス・ロンドン〉（事例1）でも、歴史的建造物や有名建築だけではなく、デザインの質や創造性からロンドン市内の建築を再評価し、それに該当する資源に対して、市民にパブリックアクセスの機会を提供

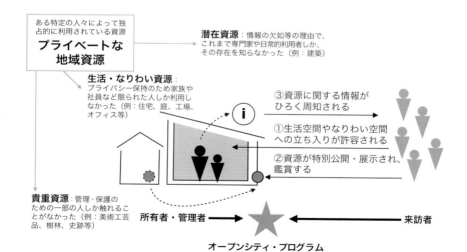

図2・3　オープンシティ・プログラムにおけるプライベートな資源へのアクセス

している。

　このように、オープンシティ・プログラムでは、既存の情報のバリアを取り払うことで、地域資源の潜在的価値を掘り起こし、新たに創造することができる（図2・3）。

3) 開催エリア

　オープンシティ・プログラムの開催エリアは、自治体（都道府県、市区町村）全域をカバーする場合と、対象とする資源が集積する特定のエリアに限定して実施される場合がある。

　前者（自治体全域）の場合であっても、公開資源が集積するコアとなるエリアが定められていたり、「○○○エリア」のような形で、イベントマップ等に特定の範囲が明示される場合が多い。後者のパターンも含めて、特定の地域資源に立脚するオープンシティ・プログラムでは、地域の形成史的に、自然環境的に、あるいは産業的に同質の特徴を有する範囲が、開催エリアとして尊重される。例えば福岡県や熊本県で開催される古墳の一斉公開では、筑後川、あるいは菊池川という流域が開催エリアとなっている。また、歴史的建造物を対象とする〈増田「蔵の日」〉（秋田県横手市）や、〈今井町並み散歩〉では、土蔵、あるいは商家が多く残る歴史的町並みが開催エリアとなっている（ともに重要伝統的建造物群保存地区）。オープンファクトリーの場合、ファッション雑貨の「台東」、皮革の「奥浅草」、洋食器・刃物の「燕三条」という具合に従来から特定産品の産地を形成している地域が対象地になる。東京都台東区のオープンファクトリー、〈モノマチ〉（台東区、事例13）では、「カチクラ（御徒町・蔵前）」という地域名称を新たに用い、オープンファクトリーをきっかけとして、メディア等へ訴求することに成功している（図2・4）。

　オープンシティ・プログラムの開催エリアに関して、もう一つ重視されるのは、「歩いて巡れる」ということである。開催期間が限定されるオープンシティ・プログラムでは、来訪者が効率よく回れるよう、徒歩圏としてのまとまりを大事にする傾向がある。

　図2・5は、全国各地のオープンファクトリーの開催エリアを同縮尺で表現したものだが、東京や神奈川で開催されるオープンファクトリーの多くは2、

図2・4　〈モノマチ〉開催エリアとしての「徒蔵（カチクラ）」の定着（提供：台東デザイナーズビレッジ／鈴木淳）

2章　オープンシティ・プログラムとは何か？　39

3キロ四方の徒歩圏あるいは自転車圏に収まっている。一方、地方の工業都市で開催される〈関の工場参観日〉(岐阜県関市)や〈燕三条 工場の祭典〉(新潟県燕市・三条市、事例14)のように、徒歩圏を超えて対象資源が分布する場合には、公開対象となる資源が集積する範囲のまとまりを明示すること、公共交通で補完すること、あるいはイベント時限定の巡回バスやシャトルバスを用意する等、さまざまな工夫がなされている。

4) 公開される資源の数

一般的に、「一斉公開」という言葉には二つの使われ方がある。一つは、公開する相手が多数いる状態である。例えば、警察による報道発表や、ディベロッパーによる商業施設開店のプレスリリース等、報道関係者や一般大衆等に対してひろく広報することを指して、「一斉公開」と呼ぶ。もう一方の「一斉公開」は、複数の資源を同時に公開するという意味で、本書のオープンシティ・プログラムはこちらに該当する。美術館や博物館で、普段は非公開としている複数の所蔵品を特別展示という形で一斉に一般公開することがよくあるが、それを地域全体に展開するのが、オープンシティ・プログラムである。

個々には目立つ存在ではなく、地域においてはありふれた存在であっても、

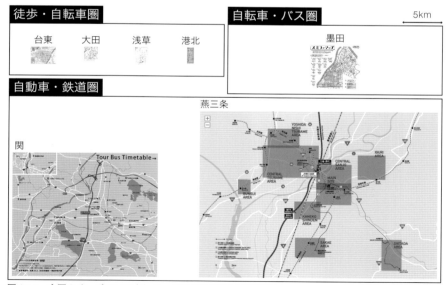

図2・5　全国のオープンファクトリーの開催エリアと工場分布（各イベントHPの情報を元に筆者が作成）

地域内でまとめて公開対象とし、個々の見せ方を工夫することで、取組み全体の魅力を高めている。また、オープンシティ・プログラムは、誘客・集客イベントであると同時に、当該資源の保全や活用、地域のコミュニティ形成、地域の魅力発信につなげていくためのイベントでもあるため、そこに多くの人々が関わることも重要視されている。そういった点からも、顕著な価値をもつ特定の資源だけでなく、小さな資源を地域ぐるみで一斉公開することに意義がある。

実際、オープンシティ・プログラムにおいて、公開される資源数は、一桁台のものから、〈モノマチ〉（事例13）、〈A-ROUND〉（台東区）あるいは〈おぶせオープンガーデン〉（長野県小布施町、事例9）等、100を超えるものまで幅広い。古墳の一斉公開や文化財級の民家を対象としたイベントでは、今後公開数を増やしていくことはなかなか難しいが、生活資源、なりわい資源を対象としているものに関しては、資源発掘、資源評価、所有者の説得等のプロセスを経ることで、対象を広げていく可能性は十分にある。

5）期間・時間限定で公開する

オープンシティ・プログラムは、開催の期間・時間を限定して、一時的に資源のアクセスを可能にする。これに

は、イベントとしての準備や調整に相当の期間を要することや、公開にあたって資源所有者・関係者の日常的な営みへの影響を最小限に抑えること、あるいは、貴重な文化財を対象とする場合に、適切な保護措置を講ずる必要があるという実務的な理由がある。

しかし、それだけではなく、オープンシティ・プログラム開催の目的の本質からも、期間・時間を限定する意味がある。既に述べてきたように、オープンシティ・プログラムは、日常と非日常とのギャップを巧妙に利用した実験的、仮設的、広告宣伝的イベントであり、その資源へアクセスできるという体験が限られているからこそ、来訪者にとっては、資源や資源所有者との出会いの貴重さやめずらしさが強調され、その効果は大きくなるのである。それゆえに、オープンシティ・プログラムは、1日限定、もしくは週末の土日限定というケースが多く見られる。仮に、イベント全体としては、1ヶ月程度にわたる場合であっても、対象資源個々の公開のタイミングは限定されていて、順番で公開日が回ってくるというシステムの事例が見受けられる。

ちなみに、庭を対象とするオープンガーデンの期間は比較的長い。通年鑑賞を可能としているもの（〈おぶせオープンガーデン〉（事例9））から、季節に限定するもの、特定の週末に限定する

もの（〈阿波オープンガーデン〉（徳島県阿波市））までさまざまだ。

　このように、イベントとしてのオープンシティ・プログラム自体は、期間・限定のものであるが、まちを「ひらく」という大きな目標に照らせば、イベントで得られた成果をどのように日常につなげていくかを、同時に考えなくてはいけない。

＊1　日本経済新聞は「日経テレコン21」、朝日新聞は「聞蔵Ⅱビジュアル」、毎日新聞は「毎日Newsパック」、読売新聞は「ヨミダス歴史館」の新聞記事検索システムを利用。

3章　まちづくりの技術としての　オープンシティ・プログラム

普段はあまり使われていない空地でチョークアートを開催し、その空間の持つ可能性をさぐる
〈チョークアート＠MM21〉（横浜市）

1 まちに「場」をつくる――ストックマネジメントの視点

　オープンシティ・プログラムは、本来は「まちの構成要素」そのものであるはずの「ヒト」「モノ」「コト」等の地域資源とまちとの関係性が損なわれつつある状況に対して、それを再構築する方法論である。「まち」は、物理的環境（ハード）とそこに関わる人々の活動（ソフト）によってできていると考えると、この両者は別々に存在するものではなく、両者が関わり合い、時には一体的に重なり合いながら「場」（プレイス）を形成する。我々はこの「場」を通してまちと関わりをもてるはずである。

　一方、初めてまちを訪れる人々にとって、まち並みや空間（物理的環境）が、まちを知る最初の情報としてその人の目の前に現れ、感知されるものであるし、その姿形には、地域の暮らし方・態度・考え・佇まいが自然と反映されてしまうものである。従って、まちの物理的資源に触れられるということは、そのまちを感じるために重要な情報提供となり、これらをストックとして大切にすることは、まちの価値を高め、結

果的にまち全体の質向上へとつながっていく。

そこで、ここでは、オープンシティ・プログラムの可能性を、まちの「ストックマネジメント」という視点から、考えてみることにする。

1）私的空間のマネジメントを意識する

都市空間は、シンプルに言えば、公共空間（Public Space）と私的空間（Private Space）の二つの組み合わせによって構成されているが、それぞれ異なる利点・欠点がある（図3・1）。公共空間には、空間の占有をめぐる利害対立（コモンズの悲劇）や、公平性を担保しすぎた過剰な規制とそれによる、ニーズとの不整合、これらの結果としての空間の低未利用化、管理の無責任化等がある。一方、私的空間の課題には、空間が独占されることによる利用格差（利用者の選別や排除）、資産の閉鎖化（アンチコモンズの悲劇）等がある。よりよいまちをつくり上げるには、この両者のバランスを常に調整していく必要がある。なかでも、近年、公共空間への関心は高まっており、河川区域、公園、道路空間に対する占用緩和ルールや活用支援等、利活用を後押しする動きをとおして、「公」的空間を、その空間の受益者自らが活動しつつ負担も背負う「共」的空間として再構築する動きが盛んに試みられている。対して、「私的空間」も都市を構成する大きな要素である。この私的空間を「都市」全体

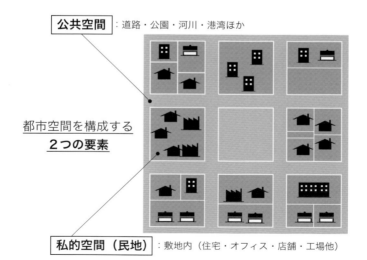

図3・1　公共空間と私的空間
都市空間は、大きく公共空間と私的空間に分かれるが、この私的空間をひらくのにオープンシティ・プログラムが有効である。

の価値として位置づける取組みはまだ不足している。オープンシティ・プログラムは、その「私的空間」も含めて進められる点が特徴的である。例えば、〈オープンハウス・ロンドン〉(ロンドン、事例1)で公開される建物は、公共建築や教会等、不特定多数の人たちが入れるところだけでなく、オフィスビルや戸建て住宅も対象となる。また、オープンガーデンの個人の庭や、オープンファクトリーやオープンスタジオでも、作業場やアトリエ等、普段不特定多数の人たちが入れず、日常生活では意識されにくい私的空間が一時的に公開される。

実施に際しては、各自所有者・使用者に「自分ごと」として参画してもらうように巻き込んでいくことが重要である。そのためにも、明快な企画趣旨(説明資料)を用意しながら、粘り強い説明・説得も必要であり、時には、熱意や人柄が関係を生むこともある。同時に、所有者・使用者の要望、企画趣旨、運用のツール等の把握と調整が重要になる。また、こうした参加者探しという行為自体が、見つかりにくい私的空間資源の発掘やリスト作成にもつながっている。

かつての日本の都市空間において、公私境界は曖昧なものであった。例えば民家の「えんがわ」空間は、外部と内部を緩やかに分かち、家に入ることな

く外と中がつながりあう環境装置だったし(図3・2)、町家では、季節によって使い分ける「建具」で内部と外部の境界をコントロールしながら、視線を遮りつつ空気は通す「格子」が用いられたりする。敷地の境界も、濠や土手、垣根等、高い壁で取り囲む西洋とは異なり、柔らかく分けられていた。また、入会地や井戸端等の共用空間、長屋の店子を管理する「家守」の存在等、私的空間をマネジメントしながら、コモンを生みだす仕組みも用意されていた。オープンシティ・プログラムでは、こうした日本の都市システムが有していた「オープン」の空間作法を再認識することにも役立つと同時に、こうした空間作法がオープンシティ・プログラム自体を豊かなものにする。

2) 都市空間を「磨き上げる」

私的空間の質を向上させることは、都市の豊かさを高めることに直結するわけだが、まちに無数に点在する私的空間をみな同じようにコントロールすることは難しい。また、都市空間の質を高めるハード整備を行おうとすれば、費用負担と責任が大きな課題となる。

このプログラムでは、お金をあまりかけることなく、各所有者・利用者が「自ら」ひらき、自ら管理運営をするという原則で行うことで、管理負担を抑えつつ、各自の責任分担も交えて実施

3章　まちづくりの技術としてのオープンシティ・プログラム　45

に取組んでいる。当日ボランティア等を除くと、ひらかれる資源に対してそれほど大きな支援はなく、基本的には、資源の所有者もしくは借主がオペレーションする。しかも実施時には、たとえ一時的であっても外部から来訪者を招き入れ、外部の目に触れることになるため、少しでもキレイにして（掃除・洗浄・手入れ・管理等）、まち並みも意識することになり、結果的にお金をさほどかけることなく、まちの質は向上する。また、このプロセスをとおして、資源の問題点や改修等すべき点に気づくこともある。オープンシティへ来訪することが、将来的に魅力ある建築物や空間をつくりだそうというモチベーションを生みだすことにつながることもある。

こうした磨きあげをさらなる取組みに昇華させた事例もある。例えば、株式会社ちゅら地球(ぼし)（岐阜県飛騨市）で行われている、地域集落の良さを体感する（外国人等を対象とした）観光ツアーのなかには、古民家の掃除・磨き上げを手伝う代わりに地域の食事を提供する活動が組み込まれており、外部来訪者の協力と地域の交流を結びつけて、物的環境の維持向上につなげている。

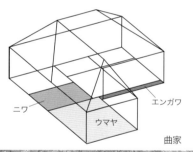
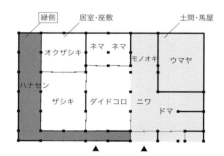

図3・2　えんがわ空間
かつての日本の都市空間や民家には、「えんがわ」空間のような、内部と外部を緩やかにつなぐ場が用意されていた。（図面出典：「洋野町茅葺読本」）

3）資源を認識・理解・学習・再評価する

各地域のまちづくりの現場においてよく聞くのが、「（自分の地域には）いい資源は何もない」という言葉であるが、これは日本人の控えめな精神の表れというだけでなく、そもそも地域や資源のことをよく知らない、意識したことがないということでもある。

オープンシティ・プログラムでは、地権者・所有者やテナント等、地域資源の関係者が自ら来訪者に対して説明をすることが多い。自分のもち物であっても、これを一般に説明するために、まずは自らが学び直し、詳しく理解する必要がある。なかには、自らのもち物だけでなく、周辺地域や都市の歴史と結びつけて理解しようとすることもある。こうして所有者・地権者自身がまちのアイデンティティを獲得し愛着が醸成されていく（図3・3）。

一方、来訪者も、関係者自らが行う解説から、見たり調べたりするだけでは分からない貴重な「生」の情報を得ることができる。同時に、そこから愛着が生まれ、資源の維持向上の支援者を育むことにもなる。

オープンシティ・プログラムでは、資源の基本情報や歴史的経緯、あるいは、図面等をとおして特徴を伝えるシートやガイドブック、パンフレット等を来訪者向けに用意していることが多い（図3・4）。ポイントは、こうしたシート作成の際、所有者は半ば強制的に資源とその周辺について学ばざるを得ない状況が生まれることである。事前の調査により、散在していた資料や図面、情報等が整理されるし、こうした資源情報が増え、リスト化・目録化されれば、イベント管理のみならず、総合的な地域資源の把握管理にもつなが

図3・3　居住者自ら公開する対象の由来を説明する様子〈オープンハウス・ロンドン〉
居住者やボランティアから直接、対象の説明やおもてなしを受ける。プログラム自体が自分ごととして捉えられていることがわかる。

図3・4　対象を説明するために作成されたチラシ〈オープンハウス・ロンドン 2012〉
各公開施設では、対象を説明するためのチラシが作成されていることで、詳しい情報がわかると同時に、資産の価値を再認識することができる。

っていく。さらに言えば、資源を知ることは、管理修繕の視点から見ても、どのように長く使い続ければよいのか、資源管理の方法・技術の蓄積にも役立ち、使い続けるための「ストックマネジメント」につながる可能性も見えてくる。

4)「エリアの意識」を醸成する

人が「まち」を体験する際、まちとの接点となるのが、通常は「みち」である。「みち」とは、道路空間そのものだけでなく、沿道建物による「まち並み」を含んで受容される。本来、建物の表層（ファサード）はまちの構成要素であり、例えば、日本でオープンガーデンの広がる契機となった小布施町のように、「ウチは自分のもの、ソトはみんなのもの」という理念を掲げたまちづくりを行っている事例もあるが、多くの場合は、まちに参画していない、閉ざされた私的空間となっているのが現状である。少しでもまちとのつながりの意識づけを負担少なく行うためにも、期間を限定して一時的にひらかれるプログラムは有効である。

また、オープンシティ・プログラム実施時には、公開対象を示す「目印」が必要であるが、多くの場合は、旗やのぼり、幕等を用いてオープン対象を目立たせ、彩るような設えを用意している。イベント全体でイメージカラーやデザインを工夫し、同じものや特徴的なデザインを掲げることで、点的な私的資源が、プログラムの、そしてまちの一部であることを強く意識するようになる。〈燕三条 工場の祭典〉（新潟県燕市・三条市、事例14）では、ピンクのストライプをデザインコードとしているが、テープ等を用いて参加者がみな簡単にストライプをつくれるようになっており、さまざまなところに展開されている（図3・5）。

また、こうしたエリア意識を身につけるには、資源が、単に物体としてそこに置かれているのではなく、地域の地形・気候・文化・周辺環境等が読み込まれ、そこに溶け込むような形で立地しているという環境、あるいは、ほかにも、地域特有の共通項をもつ資源が

図3・5　燕三条 工場の祭典で用いられたピンクのストライプ
パンフレットやチラシ、シャツ、段ボール等、さまざまな対象に統一したイメージを見せられる。テープを使って、簡単にいろんなところに展開されている。

多数存在していることへの認知、つまり、地域性や文化の「脈」に合わせた「エリア」価値への理解と共有が重要である。オープンシティ・プログラムは、こうした地域資源の共通性やテーマを顕在化させ、一つの「パッケージ」として提示する取組みとも言える。

例えば、オープンファクトリーを開催する際、公開可能な町工場を探したり、オープンガーデンを行う過程で庭を探したりすることで、同じ地域に同じように生み出された地域資源に気づくことになる。特に、ガイドブック等を作成することで、このエリア全体の資源のリスト化、あるいは、地図へのプロットができ、「エリア」が「見える化」される。徒歩圏内に対象が集積する状態で行われるプログラムの場合、「歩いて暮らせるまちづくり」を行うべき範囲の認識と意識醸成にもつながりうる。ガイドブックに何を掲載するか、どこまでをイベント範囲とするか、この作成プロセスや議論をとおして、つくり手の「エリア意識」が醸成される。

また、エリアの共通要素を見出しにくい、あるいは、それらを結びつけにくい新興住宅地のような地域では、例えば、「クリエイティブツーリズム」等、文化や歴史だけでなく、従来の地域の見方とは異なる視点をもたらす新たな「かすがい」を通じてエリア意識を育む方法を試みることができる。

さらに、オープンシティ・プログラムの企画運営、当日スタッフやボランティアに地域住民が関わることで、地域への理解や交流が高まり、より広く地域資源に対する応援団が生まれる。普段の暮らしではなかなかこの応援意識を表現することはできないが、イベント参画を通じて、地域・地域資源を支援する想いを届けることができる。

5）地域の合意を緩やかに醸成する

地域の物理的環境を改善してよりよいまちを生みだす必要があるとき、従来の都市づくりの仕組み（特に、狭義の都市計画制度）では、規制（ルール）と事業（プロジェクト）をとおして実施されるのだが、その場合、公平性を担保するために、整備・規制すべき範囲を選びだし、「区域」を設定して、施策が実施される。そしてこの「区域」を設定するには、範囲内の人たちの合意を必要とするが、多様性を有する地域において、(1)区域の線を設定して、内外を区切ること、(2)区域内では、共通のルールや事業に対する合意を採ること、(3)そもそも、区域内が同じ一つの区域だという共通認識を得ることに難しさがある。そこで、点の緩やかな集合体から始まるオープンシティ・プログラムを用いれば、なかなか見えにくい地域文脈が徐々に顕在化され、「エリア」を意識することが、「区域」設定へ

のプロセスとして加えられ、合意をつくりだす前の緩やかな「醸成」が生まれるとも考えられる。

このように、個々の立場ではなかなか行うことのできない「ひらく」行為を、地域との関わりを意識することで進めやすくなること、そして地域のストックとしての情報管理やマネジメント、あるいは「磨き上げ」を地域に浸透させていくという意味で、オープンシティ・プログラムを交えることがより魅力あるストックマネジメントの構築につながっていくことになる。

2 コミュニティ形成の視点

昔の日本の住まいは、日常的にひらかれていて、ご近所づきあいも濃密だった。いまでも、近所の者同士で「ちょっとお茶でも」と集う東北地方の「お茶っこ」文化等、各地に日常的なご近所づきあいが残っている。

しかしながら、人口減少や少子高齢化、職住分離等、時代の変化にともない、そのような文化は失われつつある。コミュニティが色濃く残されてきた京都や金沢であっても、昔ながらの建物が空き家になり、取り壊され、マンションが林立するにつれ、地縁的なつながりが希薄化している。

オープンシティ・プログラムは、公開された建物の所有者と来訪者が言葉を交わす機会であり、それ自体がコミュニティ形成に資することは言うまでもない。訪問者は、遠方から訪れる観光客だけではなく、近所の人が訪れるケースも多くみられる。

たとえば、オープンガーデンという仕組みは、私有地の「内」にありながら、家の「外」でもある「庭」を公開するものである。自分の庭を近所の人が訪問する。それだけで、おのずから交流が生まれることは想像に難くない。実際、〈おぶせオープンガーデン〉（長野県小布施町、事例9）では、「町のなかで顔見知りができて会話が増えた」との意見があった。

事例編でとりあげるオープンシティ・プログラムの一つである〈金澤町家巡遊〉（石川県金沢市、事例5）の1年目のレポートには、次のような一文がある。「その会場の近所の方が多く見学にいらっしゃったのは驚きでした。ふだんはどのような室内なのか興味があっても、こういう機会でないとなかなか覗くことができないことの現れで、近所づきあいのコミュニティを醸成するチャンスを提供できたものと考えます」[*1]。

この言葉からは、地域資源を公開することが「建物所有者」とその「来訪者」の交流を生むだけではなく、その地域資源周辺のコミュニティに大きなインパクトを与えていることがうかがえる。

50　I部 理論編 なぜ、まちをひらくのか

ここでは、コミュニティ形成の視点からオープンシティ・プログラムを見ていきたい。

1）地域にコミットする人を増やす

自治会、町内会、部落会等、古くからの地縁団体活動は、近寄りがたい存在であることが多い。地方でも、地域のために自ら汗を流して活動する若者は稀有な存在になりつつある。共働きが多い近年では、子育て世代は特に地域活動への参加が重荷となっている。

オープンシティ・プログラムでは、「主催者」「所有者」「来訪者」という3種類のステークホルダーが存在するが、それぞれ地域に参加・関与する人を増やす技術がみられる。

まず主催者については、同じメンバーで固定して企画するのではなく、毎年、少しずつメンバーを入れ替えて企画する動きがみられる。例えば、〈オープン台地 in OSAKA（以降、オープン台地）〉（大阪市、事例7）では、若い世代を中心として実行委員会が毎年組織される。

実行委員会の参加者を限定せず、広く集めるケースもある。〈オープンナガヤ大阪〉（大阪市、事例4）の実行委員会は、2016年度から「オープンミーティング形式」で行われており、長屋の所有者でなくても〈オープンナガヤ〉（事例4）に興味があれば誰でも参加できる（図3・6）。

次に、所有者については、参加する際のハードルが低く設定されていることが多い。例えば、〈城下町村上 町屋の人形さま巡り／屏風まつり〉（新潟県村上市、事例8）では、「お雛様はないけれど、違う人形だったらうちにはある」という住民の言葉を受けて、お雛様に限定せず、「江戸から平成までの人形」と、各町屋に展示される人形の幅が拡げられている。一軒でも多くの町屋が参加し、所有者自身が町屋の価値を再確認することが重視されている。

最後に、一般的な来訪者に対しては、チラシ、ホームページ、SNS等を活用し、イベントの存在をひろく周知し、公開建物や対象エリアを訪れてもらい、その魅力や価値を共有しようと試みている。イベント当日に配布されるマップやガイドブックのなかには、建物や

図3・6　オープンミーティングの様子〈オープンナガヤ大阪〉（提供：オープンナガヤ大阪）

店舗に関する情報がふんだんに盛り込まれているものもある。

例えば、〈金澤町家巡遊〉(事例5)のショップマップは、普段の町家ショップ巡りにも役立つ内容となっている(図3・7)。〈イケフェス大阪〉(大阪市、事例3)の公式ガイドブックや2013年の〈モノマチ〉(台東区、事例13)の際に作成された「かちくらガイド」は、各建物の公開情報に加え、専門家のコラムや詳細な地図が掲載され、日常使いできるガイドブックとなっている。

開催期間外でも、掲載情報をもとにまち歩きを楽しむことができ、そのまちに関心をもっている人々が、理解を深められる。こうした人々が、少しずつ、まちとの接点を増やし、継続的にコミュニティ活動に参加するようになる可能性もある。

一方、主催組織の活動の裾野を広げ、オープンシティ・プログラムが一般市民を巻き込んだイベントとして成長していくには、関心の高い層をボランティアスタッフとして取り込んでいるロンドンやニューヨーク等の欧米諸都市での取組み実績が参考になるが、我が国の事例においては、積極的なアプローチはほとんど行われていない。

しかしながら、〈おおたオープンファクトリー〉(大田区、事例12)の「モノづくり観光サポーター(愛称：ねじまき隊)」や、〈足利の文化財一斉公開〉(栃木県足利市、事例21)の「文化財案内ボランティア」等、関心の高い一般人を、

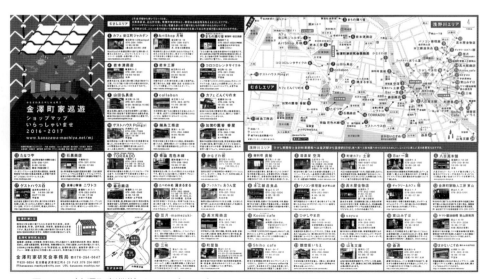

図3・7 〈金澤町家巡遊〉ショップマップ (提供：NPO法人金澤町家研究会)

イベントに巻き込むと同時に、その地域に対する知識を深めてもらう取組みも見られ始めている（図3・8）。

2）新たなつながりを創出する

　空き家の増加や、高層マンションの増加により、地域における人と人のつながりが薄れているが、オープンシティ・プログラムは、そのつながり再生の潤滑油になりうる。

　さらにいえば、オープンシティ・プログラムの開催目的がその地区の抱える課題に直結していることも多いため、プログラムの開催を話しあうだけでなく、エリアの抱える課題や解決法について

図3・8　OOF ねじまき隊の募集チラシ（出典：おおたオープンファクトリー HP）

いての意見交換へと発展する。こうした機会の存在が、いままでは、交わることのなかった人同士のつながりを生み、新たなまちづくりの潮流へとつながっていく可能性をもっている。

　オープンシティ・プログラムは、その各段階で、プログラムの主催者同士、主催者と所有者、所有者同士、所有者と来訪者等、さまざまな立場の人々がつながる機会を有している。

　〈おおたオープンファクトリー〉（事例12）、〈オープン台地〉（事例7）、〈芸工展〉（台東区・文京区、事例18）等は、実行委員会が主催組織となっている。その幹事会、ミーティング等、企画について議論する場では、地域の事業者、生活者や大学教員等、さまざまな立場の人がつながるだけでなく、地域の課題を俯瞰する場にもなりうる。

　別荘地や新興住宅地等、もとのコミュニティが希薄な場所では、企画者自身がつながりをもとめて、オープンシティ・プログラムを始めることもある。

　例えば、定年退職を機に伊東市の別荘地に移住した夫婦が設立した伊豆ガーデニングクラブが、1998年10月から〈伊豆オープンガーデン〉（静岡県伊東市）を始めた。その目的の一つは「お庭拝見を通じて交流を深め、友達をつくりたい」ということだった。ガーデニングクラブでは、ガーデニングに関する講習会やツアーが頻繁に開催され、

3章　まちづくりの技術としてのオープンシティ・プログラム　53

その会員数は100〜120名、オープンガーデンに参加しているのは20軒ほどになっている。共通の趣味をきっかけに人のつながりが生まれている。

広島市郊外の住宅団地で開催される〈五月が丘まるごと展示会〉(広島市、事例6)の参加者は団地の住民であり、そのなかにはプロのアーティストも数名いるが、大部分は普通のサラリーマン家庭である。趣味でつくったアクセサリーや木工、陶器等の作品を、自宅等を開放して展示することによって、同じ趣味をもつ住民と知り合い、日常的な交流へと発展している。

キックオフミーティングや交流会、懇親会が開催される場合、主催者と所有者、所有者同士がつながる機会となる。例えば、京都で開催されていた町家公開イベント〈楽町楽家〉(京都市、現在休止中)で、ある所有者は、「企画段階での打ち合わせや最後の打ち上げで横のつながりができること」を、メリットとしてあげていた。

開催当日は、所有者と来訪者が交流する機会であり、近所に住んでいた方が「入ってみたかったが入ったことがなかった」と訪れることもある。また、「イベント時にほかの家を訪れることで、情報共有できた」という意見もあり、同じ資源の所有者同士のつながりにも寄与し得る。

建物を公開している所有者自身が来訪者や周辺住民との更なる交流を求めて、開催当日につながりづくりの仕掛けを準備することもある。例えば、横浜市の〈関内外OPEN!〉(事例17)で公開される「宇徳ビル ヨンカイ」では、2012年の開催最終日にランチパーティーが開催された。これは、「地域の方を始め、多くの方とクリエイターとが ランチを交えながら、出会い、交流を深める機会を提供すること」が目的だった。

3) 水平な関係をつくりだす

主催者側から建物の所有者に参加をお願いするという上下の関係ではなく、主催者が広く参加者を募集し、水平な関係で、つくりあげていくオープンシティ・プログラムも見られる。

〈芸工展〉(事例18)には、参加条件は特になく、職人の工房、アーティストのアトリエやギャラリー、住宅の一室等で、参加者が自由に企画・展示する。実行委員も、参加者も、来訪者も、まちの人も区分せず、〈芸工展〉(事例18)が「まちをつなぐ フラットなプラットホーム」になることが目指されている。

〈オープン台地〉(事例7)は、「上町台地で暮らし、働く人々がつながる」ことに重きが置かれており、上町台地で「何かやりたい」と思っている個人やグループからの企画を公募している。

これらのオープンシティ・プログラムからは、リーダーを頂点とした三角

形で支えられる昔ながらの地域活動の構図とは違う、水平なネットワーク型の地域活動の担い方の可能性が感じられる。

3 地域ブランディングの視点

オープンシティ・プログラムには、地域の魅力や価値を発見、確認、把握、評価、創造し、さらにはそれを地域外へ発信する役割がある。その試みには、現状では顕著な資源に乏しい地域が、どのように地域をブランディングし、プロモーションしていけばよいのか、参照すべき方法論が含まれている。

まず、オープンシティ・プログラムでは、当該地域における地域資源を見定めて、人を惹きつける対象として、個々の資源をどのように磨いていくのかという、すなわち地域資源を観光対象化する方法に注目が集まる。さらに、こうした個々の小さな資源の集合がオープンシティ・プログラムの本質であり、群としての価値をどのように把握・形成し、発信しようと試みているのか、参照してみたい。

1）日常を観光対象化する

オープンシティ・プログラムのなかで、対象となる資源の一つひとつは、すべてが世界遺産や国宝・重要文化財、もしくは「○○百選」のように広くその価値が共有されているとは限らない。むしろ、オープンシティ・プログラムの対象資源を分類した「生活資源」や「なりわい資源」という資源類型が示唆しているように、その多くは、地域での日常が資源であり、イベント時には、これらをいかに来訪者の関心を惹きつける観光対象とするかという点に、各地で工夫が凝らされている。

オープンハウス、オープンファクトリー、オープンスタジオ等の建築を一斉公開するオープンシティ・プログラムでは、何と言っても通常一般公開されていないプライベートな空間に特別に入り、そこでの暮らしやなりわいを垣間見ることが魅力要素となっている。図3・9は、我が国における五つの地域における事例（〈イケフェス大阪〉（事例3）、〈オープンナガヤ大阪〉（事例4）、〈楽町楽家〉、〈金澤町家巡遊〉（事例5）、〈関内外OPEN!〉（事例17））を対象に、通常時とイベント時の公開状況の変化を調べたものである。通常の公開は、物販店舗のように無料で入れるもの（＝無料公開）、飲食店舗や有料ギャラリーのように代金を支払う必要のあるもの（＝有料公開）、住宅のように非公開のものに分かれる。これらが、イベント時には、「特別公開」される。すなわち、通常公開（無料・有料）されている建物であれば、①特別に普段見られない部分を公開したり、③営業時間を延

3章　まちづくりの技術としてのオープンシティ・プログラム　**55**

長して、多くの人が訪れやすくしている。また、通常有料公開されているものは、②無料公開にすることで、人々のアクセスを高めている。

日常の生活やなりわいを観光対象化するうえで、もう一つ重要なのが、住まい手や働き手の存在である。物理的な空間を来訪者が自由に内覧するだけではなく、住まい手や働き手自らが主役となり、そこでの普段の活動を来訪者に届けられるようなコンテンツが組み込まれている。

工場を一斉公開する〈おおたオープンファクトリー〉(事例12)は、「職人が一番しゃべる一週間」をテーマに、企画が組み立てられており、各公開工場での職人・経営者と来訪者との対話を重視している。職人の存在をPRする企画として、町工場の若手職人を取り上げ、工場でのエピソードや将来の夢等をパネル展示した「工場男子×工場女子」)や職人・経営者をキャラクター化し、それをカードにした「職人カード」等が実施されている(図3・10)。同様に、職人に焦点を当てた取組みは、〈関の工場参観日〉(岐阜県関市)においても行われ、工場で働く職人を来訪者による投票で決める「Seki Takumi Awards Round（STAR！）」が毎年実施されている。

同様に、そのほか多くのオープンシティ・プログラムでも、資源の所有者や日常的に管理等にあたっている人々が、熱心に応対する。オープンハウスでは、自分が所有・管理している土地・建築に誇りをもっている人々、オープンガーデンでは、日々丹精込めて庭づくりに取組んでいる人々、オープンフ

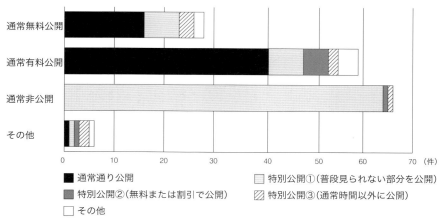

図3・9　オープンハウスにおける通常時とイベント時の公開状況　(出典：岡村他 (2015)「建物一斉公開プログラム「オープンハウスロンドン」における住宅公開オーナーの参画動機と役割」日本建築学会技術報告集, No.47, pp.317-320)

ォレストでは、森の維持管理にあたっている団体が、生き生きとした姿を見せてくれる。

このような資源の所有者や関係者の主体的参加は、外部への発信だけではなく、所有者の意識や心をひらく契機ともなり、対象資源の磨き上げであったり、コミュニティの形成であったり、当該資源を核としたまちづくりを推進する活力にもなる。

2）対象資源＋αで地域全体の価値を発信する

オープンシティ・プログラムでは、公開する資源個々でのホスピタリティや創意工夫が重要であるが、この資源が複数集められ、一斉公開され、群としての魅力を形成するのが、オープンシティ・プログラムの本質でもある。すなわち、一つの資源単独ではなく、開催エリアにおける同類の複数の資源が対象であり、さらにはそれらと関連するほかの地域資源も含めて、地域全体の価値を再構築し、発信している。

ここでは、オープンファクトリーを例にとって、そうした状況を確認してみたい。我が国で行われる主要なオープンファクトリー8事例（〈モノマチ〉（事例13）、〈おおたオープンファクトリー〉（事例12）、〈スミファ〉（墨田区）、

図3・10　オープンファクトリー時に職人にフォーカスした企画「職人カード」〈おおたオープンファクトリー〉（提供：おおたオープンファクトリー実行委員会）

3章　まちづくりの技術としてのオープンシティ・プログラム　57

〈港北OPEN FACTORY〉（横浜市港北区）、〈A-ROUND〉（台東区）、〈燕三条 工場の祭典〉（事例14）、〈川崎北工業会オープンファクトリー〉（川崎市）、〈関の工場参観日〉）を対象に、イベントの実施内容をみてみると、まず、オープンファクトリーでは、エリアの存在をPRしながら、より多くの工場に誘導する目的でエリア地図が作成される。これは、いままでの観光マップとは、エリア設定やコンテンツの点においてまったく異なるものである。

そして、複数の工場や工場以外の資源を併せて紹介することを目的としたツアーが企画されている。また、スタンプラリーのようにゲーム性を付与しながら地域の回遊性を高める企画も積極的に行われている。

次に、地域にとってモノづくりと並ぶ重要な賑わいの要素としての商店街や飲食店との連携が多くみられ、当日配布地図への情報掲載、イベント間連携、商店街での製品販売が行われている。かつては、工場の従業員が商店街を支える重要な客層であり、そうした関係を取り戻したいという声も聞かれる。

このように、オープンファクトリーでは、個々の工場の一般公開を起点に、複数工場の一斉公開、工場同士のネットワーク化、工場と商店街の連携、地域全体のイメージ発信へと至り、まち

全体を対象とする、いわばモノづくりのまち全体をひらくイベントへと発展している。

同様に、オープンハウスにおいても、個々の建築を超えた都市空間総体への眼差しを感じることができる。欧州各都市におけるオープンハウスでは、期間中にまちなかを歩けば、建物の前では、公開していることを示すポスターやバナーが目に入る。地下鉄駅や街角には、広告宣伝ポスターが掲示される。また、ガイドブックやマップをもち歩いている人々とたびたびすれ違い、独特の仲間意識をもつことができる。

ブリュッセルにおける〈欧州遺産の日〉（パリ・ブリュッセル、事例20）では、カーフリーデイ（中心市街地から自家用車を排除し、公共交通は無料で乗車できる）と連携することで、まち歩きを促進し、まさに都市をあげての取組みとなっている。また、〈オープンハウス・ロンドン〉（事例1）では、年々まち歩きのプログラムの数は増加し、イベントガイドブック内の特集記事に関しても、ストリート、広場、環境等、単体の建築を超えた都市空間総体へ傾注している状況を読み取ることができる。

3）まちの将来像に基づく地域価値を伝える

オープンシティ・プログラムが、地

域総体の価値を発見し、発信することに貢献している背景には、そもそものイベントの発意が、集客や学習・教育の側面だけでなく、地域の課題解決や政策実現と関係していることが指摘できる。

我が国のオープンハウスでは、主催組織が共通してオープンハウスに求めているのは、所有者や実際の住まい手・働き手が主体的に、都市・地域特有の建築、あるいはそこでの活動の魅力を地域内外に発信することである。その背景には、歴史的建造物が失われつつある現状への危機感であったり、目指すべき明確な都市ビジョンの存在であったりする。〈関内外OPEN!〉(事例17)では、市の芸術文化創造都市の実現に向けたアーティストやクリエイターの存在の周知、彼らのネットワーク形成、市の政策のPR等が目的として挙げられている。このように、オープンハウスの開催には、建築や都市に関わる課題解決や政策実現に寄与することが念頭にある。

同様に、オープンファクトリーにおいても、産業振興、地域振興、観光振興等、それぞれの目指すべき将来を見据えたイベントが企画されている。〈おおたオープンファクトリー〉(事例12)では、大学と地元観光協会が提唱する「大田クリエイティブタウン構想」にもとづき、中長期的に期待される効果までを想定し、さまざまな企画が練られている。例えば、子どもたちが訪問することで、工場での仕事に魅力を感じ、将来の後継者になってくれるかもしれない、クリエイターたちは、新たな製品開発のアイデアをもたらしてくれるかもしれない、近隣住民が、近所の工場をのぞくことで、「住」と「工」の日常的な軋轢解消の一助となるかもしれない、同業者・関係者が工場と接触することで、新たな受発注契約を生むかもしれない、といったことをイメージしながら、どのように地域価値を再構築し、発信すべきか、考えを巡らせている。

4)「非ストーリー型」で地域をブランディングする

地域において資源を総合的に発掘し、価値の評価、保全活用、魅力の発信、商品化等を進めていく場合、近年いかなる局面においても、「ストーリー」が重視されている。世界遺産、歴史まちづくり法、歴史文化基本構想、日本遺産、エコツーリズム、エコミュージアム、ジオパーク等、世界的に統一的枠組みがあるものから、我が国独自の法制度に基づくもの、あるいは地域独自の取組みに基づくものまで種々雑多な様相を呈しているが、いずれも資源同士のつながりやまとまりに基づく「ストーリー」が大事にされている。

文化庁と観光庁が相乗りで推進している「日本遺産」は、「地域の歴史的魅力や特色を通じて我が国の文化・伝統を語るストーリー」を認定する形をとっている。認定地域は、日本遺産魅力発信事業等を活用し、情報発信、人材育成、普及啓発等に取組んでいる。また、経済産業省が主体となって進めた「地域ストーリー作り研究会」の報告書においても、「地域ストーリーを活用した観光戦略」が謳われた。ここでは、ストーリーづくりのプロセスにおける関係者の巻き込みや、構築されたストーリーの伝え方に関する方法論等が議論された（図3・11）。

　このように、資源の取り込みやすさと伝達・訴求のしやすさの点から、「ストーリー型」の地域ブランディングの有用性は論をまたないわけだが、一方で、歴史文化、自然、社会等多方面にわたる基礎調査を踏まえて、地域資源同士の関係を精緻に説明したり、構造化したりする作業は大変な労力を要する。また、地域の合意形成を図るのにも時間がかかる（図3・12）。

　ひるがえって、地域を代表する資源、あるいは地域が今後大事にしていきたい資源をフラットに複数取り上げて、資源の保全や活用に取組んでいく方法がある。いわば、「非ストーリー型」の地域ブランディング手法とも言えるが、オープンシティ・プログラムは、これに該当する。オープンシティ・プログラムでは、資源同士を結びつけるための緻密なストーリーは不要である。もちろん、特定の資源に着目している時点で、そこにはテーマが生まれており、また、イベント内でツアーや諸企画が

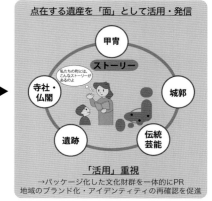

図3・11　「ストーリー」を重視する日本遺産　（出典：文化庁HP）

実施されれば、そこに一定のストーリーが付与される場合もあるが、基本的にはそれぞれの資源は、独立したものとして扱われる。そのため、どこからでも始めることができ、導入のしやすさという利点もみえてくる。

4 地域連携の視点
1）簡易なフォーマットで横展開する

オープンシティ・プログラムは、地域資源を時間・期間限定で一斉公開するという極めてシンプルなフォーマットである。これをまちづくりのなかで、どのように活用していくかは、開催するそれぞれの地域や主催者に委ねられている。資源発掘の段階に重きをおくのか、市民と来訪者との交流促進に役立てたいのか、どのエリアの地域価値

図3・12　経済産業省が進める「地域ストーリー作り」（出典：経済産業省HP）

の発信を行いたいのかといった、さまざまな地域課題に対応して、このオープンシティ・プログラムを適用することが可能である。そのため、同じ課題を有する初期事例を参考にして、新たにオープンシティ・プログラムに取組む地域は少なくない。

実際、共通する地域資源の保全や活用を課題としている別の地域へ、同様のオープンシティ・プログラムが伝わるケースがみられる。〈常陸太田市指定文化財集中曝涼〉（茨城県常陸太田市）では、普段厳重に保管されている古文書等が、虫干しのタイミングに合わせて、市内の神社や寺院等で一斉公開される。1988年に始められたこの取組みは近年、近隣の常陸大宮市（2011年）、かすみがうら市（2015年）、笠間市（2016年）に次々と伝播し、常陸太田と常陸大宮両市の間では、共通のスタンプラリーが実施されている[*2]。

前述のとおり、モノづくりの産地のPRや住まいとモノづくりの共生等を地域課題とする地域では、オープンファクトリーに熱い視線が注がれており、先行都市の事例を参考にして、新たにオープンファクトリーが始められたものが確認されている。台東区北部で実施されている〈A-ROUND〉は、同じ台東区南部の〈モノマチ〉（事例13）を、〈港北OPEN FACTORY〉は、区職員が参加した〈おおたオープンファクトリー〉

（事例12）を参照し、開催の発意に至っている。

2）緩やかに連携し理論や方法論を共有する

　近年、我が国では公・民・学連携でまちづくりを進める組織としてのアーバンデザインセンター（UDC）が各地に設置されている。これらは特定の法制度に基づくものではなく、それぞれ財源・人材・場所を確保しながら進めている。その全国的ムーブメントをリードする千葉県柏市の柏の葉アーバンデザインセンター UDCKを中心に、UDCネットワークがつくられ、設置支援や各地の取組みの情報共有等が行われている。このように、緩やかな連携が各地域での取組みの活力となり、発展に寄与することがある。

　これと同様な動きが、オープンシティ・プログラムにも一部見られる。建築を一斉公開する「オープンハウス」は、欧州を中心にその理念や手法に関して、スタンダードが確立している。現在オープンハウスには、二つの主要スキームが存在し、それらは〈オープンハウス・ワールドワイド（以降OHWW）〉（事例2）と〈欧州遺産の日〉（パリ・ブリュッセル、事例20）として知られている。前者は、ロンドンでの取組みを起点に、それに倣う形で五大陸へ伝播し、世界的ネットワークが形成されている。一方、後者の〈欧州遺産の日〉（事例20）は、1991年に始められたもので、欧州評議会と欧州連合の共催により約50カ国で実施されている。9月の週末に開催すること、基本的に無料公開すること、共通のロゴやスローガンを用いること

表3・1　オープンハウス・ワールドワイドと欧州遺産の日の比較

	オープンハウス・ワールドワイド Open House Worldwide	欧州遺産の日 European Heritage Days
主催	オープン・シティ（ロンドン）	欧州評議会／欧州委員会
基本単位	都市	国
主催組織	民間・非営利団体	中央政府や公的団体（地域レベルでは多様な組織（公共・民間））
発展過程	1992年オープンハウス・ロンドン開始 2010年オープンハウス・ワールドワイド設立 オープンハウス・ワールドワイド・カンファレンスの開催（2011、12年）	1991年設立 2008年以降、欧州評議会による強いイニシアチブ 2009年から欧州委員会との共同開催 毎年フォーラムの開催
公開対象	創造性や質の高いデザインを有する建築物	歴史文化遺産
目的	特定の週末に、普段公開していない建築物を無料（割引）で、パブリックアクセスを可能にする建築を通じた教育（歴史、文化、デザイン、環境等）	
枠組み	各国、各都市、各地域の活動を尊重した柔軟な（緩やかな）フレームワーク	

等緩やかな共通のルールがある(表3・1)。

〈OHWW〉(事例2)と〈欧州遺産の日〉(事例20)は、対象とする建築物に違いはあるものの(前者は建築物のデザインや創造性を重視、後者は歴史性、文化性を重視)、建築へのアクセス性を高め、ボランティアや見学者として市民がさまざまな立場で関わっていること、建築のみならず都市空間全体を楽しめること等は、共通する特徴であり、一種のグローバルスタンダードとして確立されているものである。

世界的・全欧州的枠組みのもとにある緩やかな規律のもと、企画運営等実務的なことは、各国や各市に任されている。その一方で、各ネットワーク内で企画運営の方法(例えば、財源の確保、ボランティアの育成等)等に関して最新情報や各地が抱えている課題を共有する機会が設けられている。〈OHWW〉(事例2)においては、主宰者ヴィクトリア・ソーントン氏のもとで、2011年と2012年には「オープンハウス・ワールドワイド・カンファレンス(OHWWC)」が開催される等、都市同士の交流が行われ、熱心な議論が交わされる(図3・13)。

他方、〈欧州遺産の日〉(事例20)も、2012年までは参加国が集うフォーラムが毎年開催されていた

前述の工場を一斉公開するオープンファクトリーにおいても、緩やかな連携組織が存在する。同種のイベントがこの5年余りで、東京、神奈川をはじめ全国で同時多発的に行われてきたが、

図3・13　2016年のオープンハウス・ロンドンの開催日前に、プラハ、ミラノ、トリノ、サンディエゴ、アトランタ等のオープンハウス開催都市主催者が集まって、熱い議論が交わされた。筆者(岡村)もオブザーバーとして参加した(右から2番目)。

図3・14　『オープンファクトリーガイドブック』(2015)(出典：オープンファクトリー GUIDE WEB　HP)

3章　まちづくりの技術としてのオープンシティ・プログラム　63

そのなかで開催地同士のネットワーク
が構築され、2014年度には、経済産業
省の支援のもと、『オープンファクト
リーガイドブック』が発行される等、
イベントの企画・運営のノウハウを共
有し、オープンファクトリーのさらな
る普及が図られている(図3・14)。

＊1　財団法人 ハウジングアンドコミュニティ
　　　財団(2009)『第16回住まいとコミュニティ
　　　づくり活動助成報告書』p.42(http://www.
　　　hc-zaidan. or. jp/pdf/report/16/04. pdf)
＊2　東京新聞〈リポートいばらき〉2016年10月
　　　15日　オンライン記事

4章　オープンシティ・プログラムの構想・企画・運営

市民や学生等ボランティアのメンバーが集まり、オープンファクトリーの企画を熱心に議論する
〈おおたオープンファクトリー〉

オープンシティ・プログラムの主催者や企画運営者がどのようにイベントを構想・企画し、運営に携わっていけばよいのか、各地の事例にもとづき整理していきたい。ここでは、「1 構想」「2 体制づくり」「3 イベント企画」「4 レビュー」の四つのフェーズに大きく分け、そして18の段階（ステップ）を踏んで、そのハウツーをまとめてみたい。

1 構想

ステップ1：オープンシティ・プログラムへの期待を共有する

オープンシティ・プログラムは、地域の産業、社会、歴史文化などのストックをいかした取組みであるが、対象とする資源の発見や収集が重要なのか、周知の資源のPRが重要なのか、各資源での活動を盛り上げることが重要なのか、まずは主催者、企画運営者、資源所有者が同じ方向性をもつことが肝要である。すなわち、このイベントへの期待をはっきりさせておく必要がある。

①「団結力」への期待

　オープンシティ・プログラムが直面している地域課題は得てして、産業振興とまちづくり、観光とまちづくり、まちづくりと文化財保護、観光と産業振興、観光とまちづくりという具合に、分野横断的であり、イベント実施を通じて、分野間を横つなぎすることが大事になってくる。また、オープンシティ・プログラムでは、資源の発掘や公開依頼の交渉、資源同士をつなぐ企画の実施、交流会の開催等によって、資源所有者と主催者、主催者とボランティア、資源所有者同士の結束を高めることが可能であり、コミュニティの形成や活性化の点においても期待がもてる。

②「編集力」への期待

　オープンシティ・プログラムでは、あるテーマにもとづいて特定された資源の集積が、地域（エリア）の新たな見方を提示し、そのまとまりを顕在化させることができる。また、資源所有者自らの熱心な解説、あるいはガイドブックの記述によって各資源の魅力を最大限に引き出すことができ、それらを結びつけるストーリーづくりや回遊性向上のためのツアーやラリー等の各種企画によって、いままで一般的には影を潜めていたエリアの価値を浮かび上がらせることができる。

③「挑戦力」への期待

　期間限定であることや、またイベントとしての波及効果や集客力を活かすことによって、オープンシティ・プログラムでは様々な取組みが試行される。例えば、空き地や空きスペース活用の実験、資源所有者同士のコラボレーション企画などにチャレンジし、そこでの成功をもって、常設の拠点施設整備や商品化などに発展するケースもみられる。

④「誘引力」への期待

　オープンシティ・プログラムでは、対象とする資源やまちに対して普段関心を持たない層に対しても、魅力や価値を訴求し彼らを資源やまちへ呼び込むことができる。イベントを通じて、関わる人の裾野をいかに広げるかが、目的の一つにある。デザインの力やプロモーションの力もさることながら、各資源において、所有者や関係者がいかにその魅力を語り、来訪者と対話をするかが重要となってくる。

　以上の特性をふまえて、オープンシティ・プログラムの位置づけや目的を明確にする必要がある。一方、この論理づけを怠ってしまうと、イベントであるがゆえに、趣旨とはかけ離れた来訪者数や資源公開数などの数や規模の面のみで評価を受けることになり、持続性も危うくなる。

ステップ２：公開対象となる資源を決める

一般的に、公開対象となる資源は、オープンシティ・プログラムの構想・企画の段階ではすでにはっきりしていると言ってよいだろう。例えば、長屋再生の研究・実践活動のなかの周知啓発、ネットワークづくりとしての〈オープンナガヤ大阪〉（大阪市、事例4）、花のまちづくり推進の先に着想された〈おぶせオープンガーデン〉（長野県小布施町、事例9）、モノづくりを基盤としたまちづくりのなかで、多様な層がモノづくりに近づく機会として実施される〈おおたオープンファクトリー〉（大田区、事例12）など、イベントの着想の段階で対象はすでに見えている。

しかしながら、企画を詰めていくと、あるいはイベント自体が回を重ねていくと、何を公開の対象とすればよいのか、資源について丁寧に考えるタイミング訪れる。

①資源を具体化する（定義する）

公開の対象として想定していた資源のなかで、コンセプトにもとづきより具体的に対象を定める必要が生じる。それは、イベントとしての特徴を際立たせていく、ひいてはまちをひらいていく活動を先鋭化していく過程でもある。

例えば、歴史的市街地の町家の価値を共有したいという思いを原点にもつ新潟県村上市の取組みは、町屋と家々で大事にされている「人形」、もしくは「屏風」というように、資源を組み合わせることで、価値伝達の訴求力を高めた。また、〈オープン台地 in OSAKA（以降、オープン台地）〉（大阪市、事例17）では、対象エリアである上町台地の多岐にわたるまちづくり活動のなかでも、特に「住む」「働く」を体験し、「楽しむ」ことを重視したプログラムが対象とされた。

②資源を広げる

ある特定の資源を対象に始まったオープンシティ・プログラムであっても、その対象を広げる段階に至る場合がある。それは、地域において連関する資源を総合的に扱うことが、地域の本質的価値の向上につながるからである。

例えば、〈燕三条 工場の祭典〉（新潟県燕市・三条市、事例14）では、オープンファクトリーとして、工場を公開することからスタートしたものの、4回目を迎えた2016年には、米どころ新潟の根幹を支える農地としての「耕場」、そして地域産品を売り買いする「購場」を対象とし、地域ぐるみの公開プログラムへと発展している（図4・1）。また、〈関内外OPEN!〉（横浜市、事例17）では、8回目を迎えた2016年、もともと対象としてきたスタジオ・アトリエの公開に加えて公共空間・外部空間へと対象を広げ、そのクリエイティブな活用方

法が試みられた。

ステップ3：先行事例を参照する

　オープンシティ・プログラムの開始にあたり、他地域での類似事例は多いに参考になる。実際、多くのプログラムが、先行事例からインスピレーションを得ている。

　〈生きた建築ミュージアムフェスティバル大阪（以降、イケフェス大阪）〉（事例3）、〈オープンナガヤ大阪〉（事例4）、〈オープン台地〉（事例7）、〈おおたオープンファクトリー〉（事例12）等は、建築一斉公開の〈オープンハウス・ロンドン〉（ロンドン、事例1）の取組みを意識していたり、〈金澤町家巡遊〉（石川県金沢市、事例5）は京都市の〈楽町楽家〉、〈城下町村上 町屋の人形さま巡り／屛風まつり〉（新潟県村上市、事例8）は、吉井町（現うきは市）の〈筑後吉井おひなさまめぐり〉、〈五月が丘まるごと展示会〉（広島市、事例6）は伊豆高原での取組み、〈芸工展〉（台東区、事例18）は葉山での取組みを参照している。主催者の世の中の動きに対する感度の高さや地域外とのネットワークも、オープンシティ・プログラム実施に向けて、重要な資質となっている。

　例えば、工場一斉公開のオープンファクトリーでは、複数の実施地域が集まり、情報共有と他地域への普及を目的に、事例紹介と運営ガイドを盛り込んだ「オープンファクトリーガイドブック」が発行されており、一地域の活動にとどまらない広がりを来場者にも、また他地域の工場関係者にも示している（p63）。

2　体制づくり

ステップ4：企画運営のためのチームをつくる

　前述のとおり、オープンシティ・プログラムは、まちをひらいていくための既存の地域づくり・まちづくり活動の延長線上に位置づけられるものが多く、主催者も、既存のまちづくり組織を核として、それに関係者を集めた実行委員会が設置される場合が多い。この実行委員会方式には、主に三つの意義を見出すことができる。

①状況に応じた組織体制の変更

図4・1　「工場」「耕場」「購場」3タイプの「KOUBA」を対象とする〈燕三条 工場の祭典〉（出典：燕三条 工場の祭典公式ガイドブック（2016））

オープンシティ・プログラムはイベントとしての持続性が求められる一方で、まちづくりの課題やイベントの企画内容に応じて、参画する組織体制も少しずつ変更が求められる。そのために、組織としては、毎年のイベントごとに、結成、解散を繰り返す。

〈モノマチ〉（台東区、事例13）では、地元有志による自主運営組織である「台東モノづくりのマチづくり協会」の下に、2016年は「第8回モノマチ実行委員会」、2017年は「第9回モノマチ実行委員会」という具合に毎年組織が結成され、実行委員の出入りもあり、企画運営にあたっている。

②複数団体の連携・協働

オープンシティ・プログラム実施の利点として、多様な主体の連携や協働により、イベントマネジメントを行っていくところにある。特に、扱うテーマが多分野にまたがるケースが多く、それぞれを代表する団体、あるいは積極的に活動している団体が集って、企画運営を担うケースが多い。

〈おおたオープンファクトリー〉（事例12）では、公開資源である工場の地縁的組織である工和会協同組合、まちづくりを専門とする大学研究室、そして、事務局機能を担い地域密着の資源発掘やツアー造成を得意とする（一社）大田観光協会の三者による実行委員会がつくられている（2016年当時）。なか

でも、大学の存在は、専門家として、大学生・大学院生などの若者として、各オープンシティ・プログラムのなかでも重視されており、〈イケフェス大阪〉（事例3）、〈オープンナガヤ大阪〉（事例4）、〈金澤町家巡遊〉（事例5、）〈オープンフォレストin松戸〉（千葉県松戸市、事例11）、〈金沢クリエイティブツーリズム〉（石川県金沢市、事例19）等の事例では、着想、構想段階から、なかには企画運営の段階に至るまで活躍がみられる。

③資源所有者の参画

公開資源の所有者や関係者も主催者側に加えてしまう実行委員会も存在する。これは、主催者側と各資源所有者等のネットワークづくりや、各資源所有者が核となり、さらにネットワークを広げていく場合に有効な方法である。

〈オープンナガヤ大阪〉（事例4）では、公開長屋の所有者・関係者も実行委員会メンバーに加え、そのつてでさらに公開する長屋を増やすという成果を得ている。

ステップ5：予算を確保する

オープンシティ・プログラムでは、各公開資源に対して、ポスター、説明パネル、のぼり旗などの提供があるものの、各資源のイベントへの参加（出展）はボランティアベースが原則である。そのため、予算支出の大部分は、

4章　オープンシティ・プログラムの構想・企画・運営　69

広告宣伝とガイドブック等の印刷に関する経費となる。〈オープンハウス・ロンドン〉（事例1）では、新聞の全面広告の掲出や図書館等の公共施設でのガイドブックの無料配布など、より多くの市民へ周知するために、多くの資金を投じている。その結果、ロンドンでは数千万円の予算規模が必要となっている。一方、行政主催に多く見られるが、ホームページ等での宣伝、チラシ制作・配布、来訪者向けのマップ制作くらいであれば、50万円以下の予算で企画運営することができる。

　これらの予算を確保するために、以下のような方法が考えられる。

①行政からの補助金

　自治体の政策のなかに位置づけられると、そのオープンシティ・プログラムに対して、予算が確保される可能性がある。シティセールスや産業活性化を掲げる三条市では、〈燕三条 工場の祭典〉（事例14）に対して、2400万円の予算を支出している（2016年度）。また、〈おおたオープンファクトリー〉（事例12）も大田区が数百万円の予算を確保し、実際の企画運営を担う（一社）大田観光協会へ補助を行っている。

　その一方、自治体からの資金拠出は継続性、あるいは独自性や自主性の発揮という点において、常々議論の争点となる。〈イケフェス大阪〉（事例3）は、3年間にわたる大阪市からの数百万円規模の予算措置が終わり、イベントを継続するかどうか、組織体制をどうするか岐路に立たされたものの、最終的には、実行委員会を設立し、企業や個人からの協賛金・寄付金やガイドブック販売による資金確保へと舵を切った。

②企業からの協賛金・出展料

　公開される資源の所有者は、ボランティアベースでのイベント参加であるために、見本市のように彼らから協賛金や出展料を取ることは基本的に難しい状況にある。ただし、物販などによる経済的メリットが得やすいイベントにおいては、公開資源の所有者からの参加費収入が期待できる。例えば、〈モノマチ〉（事例13）では運営団体である「台東モノづくりのマチづくり協会」の年会費2万4000円に加えて、イベント参加費5000円、〈燕三条 工場の祭典〉（事例14）では2万円（従業員20名以下）の負担が求められている。

③ガイドブック等の販売

　オープンシティ・プログラムの基本理念は、資源へのアクセスの敷居を低くすることであり、基本的に参加者は無料で公開資源を訪れることができる。ただし、ガイドブックやマップを販売し、これを財源にあてることもできる。〈イケフェス大阪〉（事例3）では、全収入の半分近くを、1冊300円のガイドブックの売り上げで賄っている（2016年）。

ステップ6：イベントの開催エリアを決める

　オープンシティ・プログラムは、土台となるまちづくりの取組みが、いかなる範囲を対象としたものなのかによって、開催エリアは自ずと決まってくる。つまり、自治体が管轄する全域を対象とする場合や、産業や社会、あるいは歴史的背景の面で同質的な界隈に特定される場合等である。

　また、来訪者は限られた期間で複数箇所を効率よく巡ることを期待しているため、あるいは、特に首都圏都市部では、徒歩や公共交通での移動が前提となるために、このようなスケール感覚は重要である。それゆえに、資源の集積エリアの設定やその範囲の明示は、主催者として重要な作業となる。

①自治体全域

　自治体の主催、あるいは自治体が資金面で深く関わっている場合は、自治体全域を対象とすることが多い。（〈燕三条 工場の祭典〉(事例14)、〈おぶせオープンガーデン〉(事例12)、〈足利の文化財一斉公開〉(栃木県足利市、事例21)等)。

　ただし、全域を対象エリアとしつつも、実際は公開資源の集積に依存するために、どうしても中心市街地がメインエリアとして浮かび上がってくる。

②特定エリア

　もともとの地域資源の保全・活用にかかわるまちづくりの文脈からすると、対象とするエリアは限定される。とはいえ、地域において資源が顕著な存在でなくなっている場合には、逆にオープンシティ・プログラムがエリアを顕在化させる役割を担う。

　〈オープンナガヤ大阪〉(事例4)が対象とする長屋はかつて市内の至る所に存在していたが、現在大阪の住宅地や商業地のなかに埋もれてしまっている。大学チームによる長屋の集積地の調査、そして〈オープンナガヤ大阪〉(事例4)での長屋の公開を通じて、豊崎、住之江などの特徴的界隈を浮かび上がらせる。

　東京都大田区における〈おおたオープンファクトリー〉(事例12)は、町工場の集積や住工混在が地域の産業やコミュニティを支えてきた。しかし、近年工場数や従業員の減少により、その界隈性が見えづらくなっている。このイベントが一貫して対象としてきた「下丸子・武蔵新田駅周辺地区（通称：新田丸地区）」は、町工場の減少は顕著ではあるが、周辺も含め約120社が加盟する地縁的工業団体が活発に活動し、当該エリアのブランディング・プロモーションを一つの目標としてオープンファクトリーが取組まれてきた。

4章　オープンシティ・プログラムの構想・企画・運営　71

ステップ7：ボランティアを集め、教育する

オープンシティ・プログラムを単純に、資源を公開するイベントと捉えると、小さな事務局と各資源の所有者や関係者によって成り立たせることもできるが、実際は当該資源の関係者やファンを増やし、裾野を広げることが大事にされているため、さまざまな企画や当日の案内や解説、安全管理を担う人材として、ボランティアへの期待は高くなる。そして、その確保や教育が、実は活動の広がりや継続性にとって重要な課題となっている。

まず、ボランティアの確保は、以下の三つの方法が考えられる。

①関係者への直接的な声掛け

関連団体・企業に協力を求める方法がある。例えば、地域の産業を支える工場を対象とするオープンファクトリーでは、地域を基盤とする金融機関への期待は大きく、〈おおたオープンファクトリー〉（事例12）や〈燕三条 工場の祭典〉（事例14）において、地元の信用金庫の社員がボランティアとして参画している。そのほか行政が主催や後援団体の場合、行政職員がボランティアとして加わるケースもしばしば見られる（〈イケフェス大阪〉（事例3））。

②一般公募

地域や当該資源にゆかりのある人や関心のある人を対象に、一般公募を行い、ボランティアを確保する方法もある。特に、イベントの地名度が高くなるほどボランティアも集めやすくなる。

③大学生・大学院生の研究室・ゼミ活動としての参画

大学が企画運営に関わっている場合、特に実践的研究プロジェクトとして参画している場合には、特定の研究室に所属する大学生や大学院生の存在が重要となる。また、地域の資源所有者にとっても、若者から受ける刺激に期待する面もあり、学生パワーは大事な要素である。

ボランティアが確保できたとして、次に必要なのが彼らに対する教育である。一般ボランティアが多ければ、モチベーションや目的もそれぞれであり、イベントの趣旨や決め事の共有が重要になってくる。一般的には、説明会の実施およびマニュアルの配布が行われているが、〈足利の文化財一斉公開〉（事例21）では、1日以上案内ボランティアスタッフとして参加できる人を対象に「文化財案内ボランティア講座」を開催している。また、〈おおたオープンファクトリー〉（事例12）では、イベントまでに工場見学の機会を設けたり、事務局が事前に担当する工場を決め、イベント前日までに各自が直接工場にコンタクトをとる等、円滑なサポートを実現している。

さらに、ボランティアのモチベーシ

ョンや継続性向上のためには、ボラン
ティアのメンバーであることのブラン
ド化も検討したい。オープンシティ・
プログラムではないが、〈瀬戸内国際
芸術〉(岡山県・香川県)の「こえび隊」や
〈越後妻有大地の芸術祭〉(新潟県十日
町市津南町)の「こへび隊」などは通年
活動に熱心な有名事例である。〈おお
たオープンファクトリー〉(事例12)で
は、それらにならい、ボランティア組
織として、「ねじまき隊」を結成し、半
年かけてのイベントの企画や当日の運
営の盛り上げに貢献している。

3 イベント企画

ステップ8:公開する資源を決める(資源の発見・公開の依頼・募集)

　オープンシティ・プログラムでは、
資源の所在や価値について、主催者、
企画運営者、あるいは関係者がある程
度把握している段階からスタートする
場合が多い。ただし、イベントを持続
可能なものにするため、また地域にお
ける大きなムーブメントとしていくた
めには、公開資源の数を増やしたり、
入れ替えを促進したりする必要がある。
①企画運営者の継続的な調査
　主催側が常にアンテナを張って、公
開対象となる資源探しを行っているこ
とが重要である。〈オープンハウス・ロ
ンドン〉(事例1)では、いまや750棟を

超える建築を公開しているが、そのう
ち200棟くらいが毎年入れ替わる。こ
れは事務局に対して、建築・不動産業
界から数多くの公開の申し出があるの
に加えて、事務局自ら建築系雑誌やメ
ディアでの情報収集に努めており、オ
ープンハウス候補物件リストは、さら
に厚みを増していっている。そのなか
でイベントの趣旨と合致するものを公
開対象に選定している。
　国内では、〈金澤町家巡遊〉(事例5)
を主催する金澤町家研究会が、「金澤
町家データベース更新調査」や「優良金
澤町家」の選定と認定など、日ごろか
ら資源の把握に努めている。また、
〈イケフェス大阪〉(事例3)でも、主催
者が重視している「生きた建築」を「大
阪コレクション」として選定しており、
これが公開対象の土台となる。
②関連する組織・団体へ依頼
　商店を対象とするのであれば商店街
組合、工場を対象とするのであれば工
業団体などが、主催者側に加わること
で、当該組織に加盟している店舗や工
場は、自ずと公開候補となる。ただし、
難しいのは、公開の意義を所有者に伝
えることである。なぜ、プライベート
な部分を一般公開する必要があるのか、
社員を休日出勤させるほどの経営的メ
リットはあるのかといった疑問に対し
て主催者側の開催意図を踏まえて丁寧
に説明する必要がある。

4章　オープンシティ・プログラムの構想・企画・運営　73

③一般募集(HPでの呼びかけ、口コミも含む)

　主催者がホームページなどで募集要項を公表し、広く一般へと呼びかけることもできる。資源所有者としてオープンシティ・プログラム参加の意義が見出しやすい場合(例えば、商品の販売につながるなど)には、有効な方法である。

④既参加の資源所有者による仲間の勧誘

　主催者と直接のつながりのない場合であっても、既にオープンシティ・プログラムに参加している資源所有者を介して、新たな所有者が加わる可能性がある。〈オープンナガヤ大阪〉(事例4)では、実行委員会に公開長屋関係者を加え、また会議をオープンに開催することによって、公開資源を増やすことに成功している。

ステップ 9：拠点となる場所を設定する

　オープンシティ・プログラムの基本は、資源の一斉公開であり、来訪者は地域各所で資源へアクセスし、体験、対話を楽しむことができる。究極的には、これだけでも成り立つのだが、実際は、情報案内機能、あるいはイベント機能をもった拠点が重要である。多くは既存の拠点施設を利用することで、日常的なまちづくり活動との連続性を来訪者に伝えることができる。

　逆に、このような施設を設けない場合には、どこで情報が入手できるのか、事前にホームページやSNS等で丁寧に発信しておく必要がある。

①情報案内拠点

　鉄道駅近くや地域や産業やコミュニティの中核的施設内に、情報案内拠点を設け、来訪者をもてなす。マップやガイドブックの配布や(場合によっては)販売という基本的な機能に加えて、後述するように、公開施設間で来訪者の粗密がないように誘導する役割もある。

　〈おおたオープンファクトリー〉(事例12)では、駅の旧キオスクを利用し、コンシェルジュとしてのボランティア

表4・1　各オープンファクトリーにおける拠点施設

イベント名称	拠点名	拠点概要	拠点の機能
モノマチ	台東デザイナーズビレッジ	インキュベーション施設	イベント・情報案内
	2K540	鉄道高架下商業施設	イベント
	商店街（佐竹商店街・おかず横丁）	既存商店街	イベント
おおたオープンファクトリー	工和会館（モノワザラウンジ）	工業団体事務所	イベント
	くりらぼ多摩川	まちづくり拠点	イベント
	下丸子インフォボックス	鉄道駅旧キオスク	情報案内
	武蔵新田シンフォボックス	鉄道駅旧キオスク	情報案内
燕三条工場の祭典	燕三条 WING	新幹線駅舎内物産展示販売所	情報案内
	三条鍛冶道場	モノづくり研修施設	イベント
	燕市産業資料会館	博物館	イベント
	燕三条産業振興センター	産業支援施設	イベント

74　Ⅰ部 理論編 なぜ、まちをひらくのか

スタッフを配置した上で、マップ等の配布や道案内を行っている。これにより、鉄道利用の来訪者を一挙に受け止めることができる。

②イベント拠点

オープンシティ・プログラムにおいては、各公開資源がイベント会場となるが、それぞれの集客力には限界がある。また、トークショーやシンポジウム等のより発信力のある企画、もしくは全体を一覧できるような展示等が求められる場合がある。その際、地域内のコミュニティや産業の中核的施設をイベント拠点として設定し、さまざまなプログラムを実施する（表4・1）。

ステップ10：来訪者の回遊性向上を促進する

ステップ6でも述べたとおり、地域内で来訪者の回遊行動をいかに向上させるのかが、主催者側にとって重要な課題である。徒歩圏を超える場合には、いかに徒歩以外のモビリティを充実させ連携させるかも考えなければいけない。そのための対応策として、以下のような取組みが考えられる。

①周遊バス・シャトルバスの運行

主要駅から開催エリアが遠い場合、または開催エリアが複数あり、それらが地理的に離れている場合に、主催者が周遊バスやシャトルバスを準備する（図4・2）。実際、〈五月が丘まるごと展

図4・2　おおたオープンファクトリー（第5回）におけるシャトルバスの提供（出典：おおたオープンファクトリーガイドブック（2015））

示会〉(事例6)では団地内を一周するバスが、〈足利の文化財一斉公開〉(事例21)では鉄道駅と足利学校などの主要なスポットを回遊するバスが、無料で提供され来訪者の便を図っている。

②既存の公共交通(バス・鉄道等)の連携を紹介する

ステップ11で紹介する地図やガイドブックに、関連する公共交通の情報を記載することが望ましい。特に、近年はコミュニティバス路線が各都市で充実しており、これらの活用も期待される。

③レンタサイクルサービスの提供

自転車を二次的な交通手段として捉えて、レンタサイクルを提供する。〈モノマチ〉(事例13)では、イベント時限定で貸出が行われている(サービスを提供している会社は他地域に所在)(図4・3)。

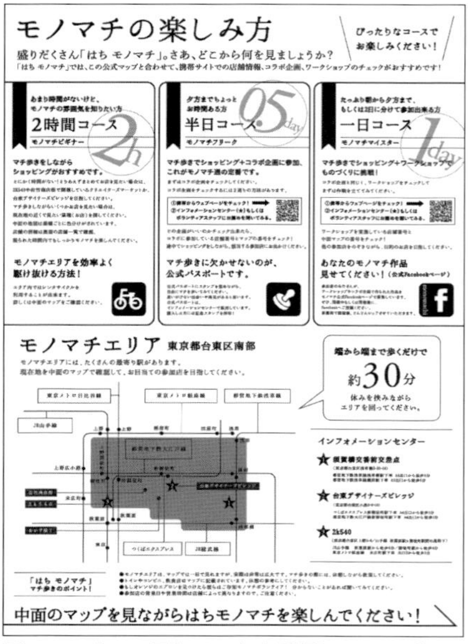

④複数資源を巡るプログラムの提供

来訪者の回遊性を高めるため、あるいはより多くの資源を訪問してもらう動機づけとして、ソフト系の対応策としてスタンプラリーやクイズラリーの実施が効果的である。

〈おおたオープンファクトリー〉(事例12)では、工場の技術をモチーフとしたハンコを各工場でスタンプ帳に押してもらえる「職人のワザラリー」(第4回)や、クイズに答えながら工場を巡る「職人検定ラリー」(第5回)、工場の職人をキャラクター化したカードが各工場で配布される「職人カード」(第5、6回)等、工場への理解を深めつつ、工場やまちを巡る楽しみを与えることに注力してきた。

また、個々の資源の魅力だけではなく、工場間のネットワークを活かして、複数社を巡って一つの製品をつくりあげる「仲間回しラリー」(第4〜6回)が実施されてきた。

ステップ11:地図、ガイドブックを制作する

現地に足を運んだ来訪者にとっての情報源は、基本的には地図やガイドブ

図4・3 歩いて回れることを重視している「モノマチ(第8回)」(出典:モノマチ公式ガイドブック(2016))

ックになる。もちろん、事前にはホームページやSNS等での情報発信も行われてはいるが、最終的には紙媒体が頼りになる。また、これらは来訪者にイベント情報を伝える役割だけでなく、イベントの演出要素としても重要な存在となる。

例えば、デザイン性を重視している〈燕三条 工場の祭典〉(事例14)では、目に留まりやすいピンクのストライプを全面にあしらったガイドブックが無料で配布される。また、ライムグリーンを基調色とした〈オープンハウス・ロンドン〉(事例1)では、ガイドブックをもつ人がまちにあふれ、来訪者自身が広告塔の役割を果たし、まさにまちぐるみのイベントづくりに貢献する。

①地図

地図は、各公開資源へアクセスするための重要な情報源である。また、資源の粗密やエリア分け等によって、エリアの特性を示すこともできる。

来訪者の現地での使用に配慮し、判型や、地図のスケールおよび地図内の情報も工夫する必要がある。常に各地で試行錯誤が繰り返されているのだが、地域を一覧できるような大判の地図がよいのか、ポケットに入るくらいのハンディタイプの地図がよいのか、ユーザーの年齢層やイベント時の行動様式等を踏まえて決定するとよいだろう。

②ガイドブック

ガイドブックは、当日の訪問先選択の手がかりとなるだけでなく、地域資源のアーカイブの役割も果たす。紙面に限りがあるなかで、どれだけ端的かつキャッチーに公開される資源の特徴を記述するかが重要となる。そのほか、期間中に行われる各種プログラム内容、開催地内での交通手段、あるいは地域の魅力や置かれている状況等を載せておくことが有用である。

さらに、ホームページ等とリンクさせて、より詳細な情報を伝えることもできる。

③アプリ

地図とガイドブックの情報を分かりやすく表示してくれるアプリは、特に現在地情報とあわせることで多くの来訪者にとって便利な存在となる。しかし、製作コストが課題となる。〈オープンハウス・ロンドン〉(事例1)では有料で提供されており、訪問したい建築をリストアップできる機能も加わり、約800の候補をどのように巡るのか計画を立てるのに大変有益なツールとなっている。

ステップ 12：イベント当日に向けて盛り上げていく

オープンシティ・プログラムが実施されるのは、たいてい1年のうち2、3日程度である。これに向けて、資源所有者の団結力を高めたり、ボランティア

のモチベーションをあげる機会として、あるいはイベントの宣伝機会として、何かしらの仕掛けは必要である。

①通年イベント

イベント時の経験や蓄積を踏まえて、これを通年化する動きも見られる。これらとオープンシティ・プログラムを組み合わせて、主催者、企画運営者の求めるまちづくりを進めていくことができる。

〈オープンハウス・ロンドン〉(事例1)では、イベント時無料公開を原則とするのに対して、それとは差別化するため、有料のウォークツアーを通年で実施し、建築や都市のデザイン性や創造性を伝える機会を増やしている。とはいえ、日常とのギャップが公開資源での来訪者の体験を印象的にするわけであり、イベント的要素を日常化してはいけない。

②プレイベント

例えば、〈オープンナガヤ大阪〉(事例4)においては、イベント日に先立ち、長屋での宿泊や、DIYによるリノベーション体験等の機会を提供する「オープンナガヤスクール」を開催し、またガイドブックを早期発行することで、イベント日までにさらに公開長屋を増やすことが可能となった。

③SNS等での情報発信

SNSを活用した事前の情報発信もイベントを盛り上げる重要な役割を果た

す。イベント時のツアーやトークショー等の集客ツールとしても機能する。また、公開施設の詳細情報を提供することで、来訪意欲を掻き立て、また日々少しずつ情報提供することで、イベント当日に向けて気分を高揚させる。

〈おおたオープンファクトリー〉(事例12)では、ブログやSNSを通じて、参加する工場を1日1社ずつ紹介していき、イベントに向けて継続的な情報発信に努めた。

これはイベント終了後もアーカイブとして活用が可能であり、情報の蓄積としての役割も果たす。

4 当日運営

ステップ13：公開資源やまちなかを演出する

来訪者に対して、公開しているということを分かりやすく、さらに入りやすさを演出するために、公開資源の入口や軒先に、のぼり旗、装飾品、パネル、ポスター等を掲出する。さらには、情報案内拠点やイベント拠点がある場合は、道案内のサインを出すこともできる。

この演出自体が当該イベントのデザイン性を表す役割も担っている。前述のガイドブック(ステップ11)との連携が重要であり、同様のデザインがまちなかに展開される。〈燕三条 工場の祭

典〉(事例14)では、各工場が建物外観に象徴的なピンクのストライプを思い思いに描き出している。また、〈オープンハウス・ロンドン〉(事例1)では、ライムグリーンのシンボルカラーのバナー、ポスターが各所に貼られ、街全体の演出に貢献する。

一方、装飾ツールは、地域の文化や伝統をアピールすることにも役立つ。〈金澤町家巡遊〉(事例5)では水引細工の「あわじ編み」が、〈オープンナガヤ大阪〉(事例4)では「さをり織り」の布が、軒先に掲げられる。

ステップ14：公開資源で来訪者をもてなす

オープンシティ・プログラムにおいて重視すべきなのは、各公開資源での来訪者の体験であり、資源所有者や関係者との対話である。建築を公開するオープンハウスでは、来訪者が自由に建築内部を巡るだけでなく、所有者や関係者のおもてなしが前面に出た対応が期待される。

- ・家族総出の出迎え
- ・来訪者との会話
- ・飲み物や茶菓子の提供
- ・専門家(建築家等)によるガイド
- ・所有者によるガイド
- ・映像の上映／写真の展示等
- ・トイレの貸出

これらは、〈オープンハウス・ロンドン〉(事例1)で実際にみられるものだが、主催者側の要請や指導によるものではなく、各公開主による経験や工夫によるものである。

また、工場を公開するオープンファクトリーでも、機械、技術、材料をうまく活用したさまざまな体験機会を提供することができる。

- ・会社の歴史や製造に関する説明（ストーリー）
- ・加工体験（材料、道具、機会、製品の展示、解説）
- ・モノづくり体験
- ・工場内見学ツアー
- ・商品販売

消費者向け製品を製造している工場では、最後に商品販売の機会を設ければ、モノづくりの価値を理解した来訪者の購買意欲は高く、オープンファクトリーの経済的効果も期待できる。

また、経営者・社長だけでなく、若手からベテランまで従業員の生の声を届けることが、リアルな工場での体験として、来訪者の印象に残る。

そのほか、ボランティアを確保し、各資源に配置できるようなイベントでは、彼らの応対も重要であり、案内や解説、また安全管理等の役割を果たす。

ステップ15：来訪者が偏らないようにする

主要駅や各種プログラムが行われる

4章　オープンシティ・プログラムの構想・企画・運営　79

中核的施設からの距離がある公開資源は、集客に苦労するおそれがある。運営者としては、情報案内拠点においてこうした資源の情報提供を行い、なるべく来訪者数が平準化するように努める。

ステップ16：イベントを記録する

オープンシティ・プログラムの最大の特徴であり利点が、エリア内で同時多発的に体験・交流・対話が行われていることである。裏を返せば、全体像を把握することが大変難しい。

企画運営者として、イベントのバージョンアップを図っていくためには、来訪者の動きと各公開資源での様子を把握することが肝要である。来訪者に対しては、来訪動機や当日の行動(立ち寄り箇所、参加イベント等)、資源や地域に対する印象の変化等を聞くとよい。また、すべての公開資源をまわり、写真や動画で現場の様子を記録しておくことが望ましい。くわえて、資源の公開者に対してアンケート調査を行い、公開の動機、当日の様子、公開によって得られたこと等を聞いておくと、さらに詳細な分析・考察が可能となる(図4・4)。

OTA OPEN FACTORY

オープン工場へのモニタリング調査

※次回以降の参考情報として、各工場での状況を詳細に記録したいと考えています。ご協力ください。
※3点セット（パネル／ノボリ／スタンプ）返却時に合わせて提出願います。

■企業名　　　■記入者

A. 今回のおおたオープンファクトリーでの工場公開についてお伺いします。

1）来場者数をご記入下さい。

	10時台	11時台	12時台	13時台	14時台	15時台	合計
来場者数							

2）工場公開時に、どのようなサービスを提供しましたか。（複数回答可）
①会社の概要説明　②製造機械や加工技術の解説　③加工体験　④製品展示
⑤おみやげの配布　⑥飲食物の提供　⑦製品等の販売　⑦その他（　　）

3）工場公開時、来訪者はどのように工場内を巡りましたか。
①工場内には入らない（事務所、会議室等のみ）　②小グループで工場内を巡る
③来訪者が工場内を自由に巡る　④その他（　　）

4）工場公開時の公開範囲を教えて下さい。（複数回答可）
①駐車場　②玄関　③応接間　④工場（一部）　⑤工場（全て）　⑥事務室　⑦その他（　　）

5）オープンファクトリーへの参加で、何が達成されましたか。（複数回答可）
①技術力の高さを伝える　②地域との交流　③地域を盛り上げる　④企業間の連携を深める
⑤働き手をみつける　⑥自社の宣伝をする　⑦受注契約　⑧社員教育
⑨その他（　　）

6）来場者からのクレームがあれば、ご記入下さい。

図4・4 〈おおたオープンファクトリー〉で実施されている工場用モニタリング調査用紙

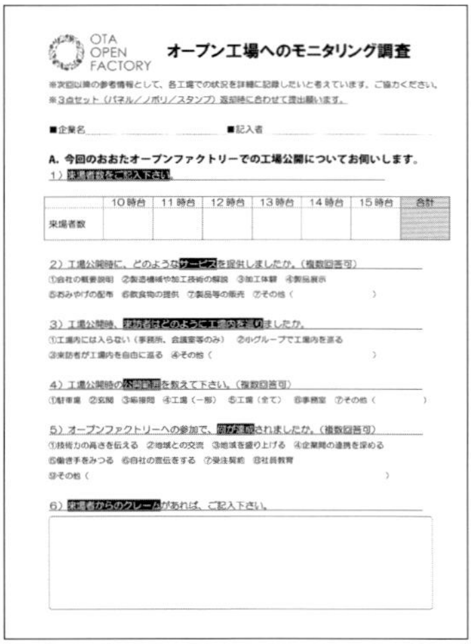

5 レビュー

ステップ17：交流会を開催する

オープンシティ・プログラムの実施目的の一つに、主催者と資源所有者との関係構築や資源所有者同士のネットワークづくりがある。また、期間中に同時並行で行われる各種企画の関係者が全体像を把握するためにも、一堂に会する機会は重要である。

ステップ18：事後評価をする

イベント期間中に実施した来訪者向けのアンケート調査や公開施設向けの調査をとりまとめて、公表する。次回以降のイベントの骨格づくりや各公開資源での来訪者対応に役立てるほか、オープンシティ・プログラムへの支援者に対する報告、あるいは次回に向けての宣伝材料として、欠かすことのできない作業である。

II部 事例編
各地のオープンシティ・プログラム

　ロンドンでの建築一斉公開の取組みを規範に、それが世界中に伝播している〈オープンハウス・ワールドワイド〉(事例2)や、欧州の文化政策の一環で実施されている〈欧州遺産の日〉(事例20)を除けば、オープンシティ・プログラムには、既定の統一的枠組みがあるわけではない。先行事例を手本に各地に広まっていくパターンもあるが、基本的には、それぞれに動機があり目的が設定され、公開対象となる資源が定められ、企画運営体制が構築され、イベントが実施される。

　「事例編」では、世界各地や国内におけるユニークな事例を以下の六つのカテゴリーに分けて、全22事例を選定し、紹介する。

(1)「建築」をひらく
　　普段立ち入ることのできない「建築」をひらき、まちの創造性や文化性に触れる
(2)「暮らし」をひらく
　　家族の日々の生活や伝統、コミュニティの活動といった「暮らし」をひらき、まちへのつながりを意識し、愛着を醸成する
(3)「庭」をひらく
　　暮らしのなかにある「庭」をひらき、外部空間とのつながりからまちへの関心を高める
(4)「なりわい」をひらく
　　工業や農業等まちを支える「なりわい」をひらき、新たにまちの価値を生み出していく
(5)「クリエイティビティ」をひらく
　　産業や文化芸術がもつ「クリエイティビティ(創造性)」をひらき、縦割りで断片化されたまちを横つなぎする
(6)「レガシー」をひらく
　　普段見過ごしてしまうようなまちの「レガシー(歴史文化)」をひらき、地域に根づいたまちの魅力や価値を再認識する

　これらのカテゴリーには重複する部分もあるが、閉じられたまちのどこから楔を打つか、その手がかりと考えたい。
　また、事例によってその特徴に注目したいポイントは異なる。それは、オープンシティ・プログラムの着想のきっかけであったり、イベントの企画内容であったり、あるいはイベント後の展開プロセスであったりする。したがって、各事例に対して統一的な切り取り方をすることは避けた。代わりに、事例紹介の末尾に各オープンシティ・プログラムの概要として、開催地、開催規模(公開数)、予算、来訪者数、開始年、運営組織等について、整理を行っている。

■事例8
城下町村上 町屋の人形さま巡り
／屏風まつり（新潟県村上市）

■事例14
燕三条 工場の祭典（新潟県燕市・三条市）

■事例21
足利の文化財一斉公開（栃木県足利市）

■事例9
おぶせオープンガーデン（長野県小布施町）

■事例5
金澤町家巡遊（石川県金沢市）

■事例19
金沢クリエイティブツーリズム（石川県金沢市）

■事例16
花の超祭典（愛知県田原市）

■事例22
ぎょうだ蔵めぐりまちあるき（埼玉県行田市）

■事例10
カシニワ（千葉県柏市）

■事例11
オープンフォレストin松戸（千葉県松戸市）

■事例12
おおたオープンファクトリー（東京都大田区）

■事例13
モノマチ（東京都台東区）

■事例18
芸工展と谷根千（東京都台東区・文京区）

■事例17
関内外 OPEN！（横浜市）

■事例3
生きた建築ミュージアムフェスティバル大阪（大阪市）

■事例4
オープンナガヤ大阪（大阪市）

■事例7
オープン台地 in OSAKA（大阪市）

■事例6
五月が丘まるごと展示会（広島市）

■事例1
オープンハウス・ロンドン（ロンドン）

■事例15
ワールドポートデイズ（ロッテルダム）

■事例20
欧州遺産の日（パリ・ブリュッセル）

1章　「建築」をひらく

　特定の地域において期間限定で複数の建築を一斉公開する取組みのなかには、「オープンハウス」または「オープンアーキテクチャ」と呼ばれるものがある。オープンハウスは、一般的には、不動産物件販売のための住宅展示や建築家による作品の内覧会のことを指すが、もちろんこれらとは異なる。

　欧州では20年以上にわたり毎年恒例のイベントとして人気を博しているイベントがある。一つは、英国ロンドンで始まった〈オープンハウス・ロンドン〉（事例1）に賛同する世界各都市の緩やかな連携体制としての〈オープンハウス・ワールドワイド〉（事例2）で、建築の優れたデザインや創造性が重視される。もう一つは、欧州評議会および欧州連合EUが主導する〈欧州遺産の日〉（事例20）で、欧州の文化多様性の理解や国家のまとまりを重視するもので、歴史的建造物がメインとなる（後者は「『レガシー』をひらく」で紹介する）。

　日本で開催されるオープンハウスは、建築の保存活用や建築をきっかけにしたエリアの価値創造や魅力発信等、地域の抱える課題や政策にもとづいて企画されてきた。京都や金沢では町家、大阪は長屋といった具合に、地域を特徴づける建築タイプとそこでの営みが大事にされている（これらは、「『暮らし』をひらく」で紹介する）。一方、大阪では建築のデザイン性や文化性に着目し、「ロンドン型」のオープンハウスも実施されてきた。

　そこで、ハードとしての建築との出会いが、どのようにして、まちをひらくことにつながっていくのか、各イベントの趣旨と実態から読み解いていきたい。

1　オープンハウス・ロンドン（ロンドン）
2　オープンハウス・ワールドワイド
3　生きた建築ミュージアムフェスティバル大阪（大阪市）

いまやロンドンのアイコン的建築である「ガーキン」の最上階も公開される

1　オープンハウス・ロンドン
——ロンドン

　〈オープンハウス・ロンドン〉は、毎年9月の第3週末の土日に開催される。1992年の開始以来20年を超えるこのイベントでは、ロンドン市内のさまざまなタイプの700〜800棟の建築物等が無料で一斉公開される。所有者、建築家、家族、従業員、市民活動団体等の建築関係者のほか運営を支える数千人のボランティア、さらには市内外からの約20万人の来訪者によって、グローバル都市ロンドンにおいて建築を介した小さな交流が生み出されている。

世界最大の建築公開イベントの起こり

　このオープンハウス・ロンドンを発意し、企画運営を先導してきたのが、ヴィクトリア・ソーントン氏が立ち上げた民間・非営利組織「オープン・ハウス」である(2010年に「オープン・シティ」へ名称変更)。建築家ではないソーントン氏だが、建築家協会での仕事の経験から、一般市民が建築から疎外されているのではないか、建築が専門家だけのものになっているのではないかと問題意識をもち、一般市民が建築にアクセスできる機会を設ける必要を感

じたという。そして、一般市民が建築を通じてまちへ愛着をもつことや、建築・都市環境のデザインや創造性を理解すること、すなわち建築教育を重視したオープンハウス・ロンドンを始めるに至った。

第1回（1992年）目は、わずか30件の公開から始まったオープンハウス・ロンドンは、2014年には最大の800件を超えるビッグイベントとなり、世界最大級の建築公開プログラムとなっている。また、ロンドンでの取組みは、世界各地に伝播し、2010年には緩やかな連携として、〈オープンハウス・ワールドワイド〉（事例2）が発足し、2017年8月現在で37都市に広がっている。

2016年、オープンハウス・ロンドンは、変革期を迎えた。これまでイベント創設当初から代表を務めてきたソーントン氏は世界展開に注力するため、ローリー・オルケイト氏がその座を引き継いだ。イベントの趣旨や方法に変化はないものの、イベント時に発行されるガイドブックは、テーマカラーやデザイン・判型が変わり、また冊子内の記事は建築だけではなく、ランドスケープや都市緑地、公共空間の活用、インフラ等、都市空間の多様な要素を強く意識したものになっている（図1・1）。

公開対象となる建築物

公開対象となるのは、さまざまなエリア、年代、様式、用途、作家の建築物である。市庁舎や教会等のランドマーク、オフィスやアトリエ等の仕事場から一般住宅やコミュニティ施設等の

 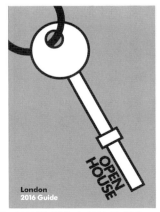

図1・1 〈オープンハウス・ロンドン〉のガイドブック表紙。2011年（左）と2016年（右）
アイコンとして使われてきた「カギ」は踏襲されたが、デザイン、色、フォント、判型は刷新された
（出典：オープンハウス・ロンドンガイドブック）

生活の場まで、幅広い。第1回のパンフレットに掲載されているイベントの趣旨を説明した文章に、「みんな建築を知ることに興味をもっている。しかし、それは必ずしも歴史的なものとは限らない。我々は、彼らの現代建築に対する強い関心を理解している。」とあるように、オープンハウス・ロンドンは、歴史的建造物を対象とする〈欧州遺産の日〉(事例20)とは一線を画し、現代建築に力点を置いてきた。2012年時において、現代建築の占める割合は約3分の1にのぼり、リノベーションやコンバージョンのように歴史的建造物に現代的改変を加えたものと合わせると、公開物件のうち約半数は、現代の建築に関するアイデアや技術を紹介するものである(図1・2)。

また、建築用途の多様性については、既に述べたとおりだが、公開物件のなかで、個人住宅の割合が高いことも特徴として挙げられ、全公開件数のなかで、それらが占める割合は2013年は12.4％、2012年は13.0％にのぼる(図1・3)。

2016年には、約750件の建築が公開されたが、そのうち140件は新たに加わったもので、毎年かなりの入れ替わりがある。公開される建築はどのようにして選ばれるのだろうか。事務局は、独自にランク付けした何千という建築リストを作成しており、最終的には事務局自身の判断によって公開を依頼すべき建築が決定されてきたという(つまり選定基準は公表されていない)。現在、所有者に公開依頼した建築のうちの8割程度が実際の公開に至っているそうだが、イベント開始時は2割程度であったという(当時、事務局のオフィスはソーントン夫妻の自宅のアパートであり、電話を取り囲んで置かれていた建築リストのなかから一つひと

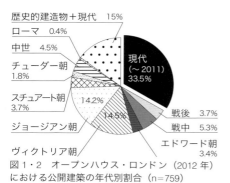

図1・2 オープンハウス・ロンドン（2012年）における公開建築の年代別割合（n=759）

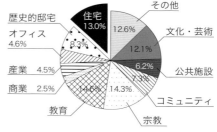

図1・3 オープンハウス・ロンドン（2012年）における公開建築の用途別割合（n=759）

(図1・2、3共に出典：岡村他（2015）「建物一斉公開プログラム『オープンハウスロンドン』における住宅公開オーナーの参画動機と役割」日本建築学会技術報告集、No.47, pp.317-320)

86　II部 事例編 各地のオープンシティ・プログラム

つ選んで、所有者に電話をかけていた)。このことからも、オープンハウス・ロンドンのステータスや認知度が、この20数年でいかに上昇してきたが分かる。

まち全体を対象とする

オープンハウス・ロンドン開催の週末には、各公開建築の前に、テーマカラーのライトグリーンの共通の横断幕が掲げられ、まちの至るところでガイドブックを眺める来訪者とすれ違う。ロンドンの都市全体が、オープンハウス・ロンドンという祝祭に染められる(図1・4)。

また、期間中は数多くのまちあるき・自転車ツアープログラム(2011年は76のツアーに6600人が参加)が実施され、建築のみならず、その間の「まち」を巡る楽しみも十分に提供している。

さらに、特定エリアの建築を集中的に巡ることで、その地域の暮らしやなりわいを身近に感じることもできる。例えば、超高層ビルの集まる金融街にほど近いイズリントン区南部では、あまり建築的に評価されてこなかった1950～60年代の中層の業務ビル、倉庫、

図1・4　イベント時にはまちのいたる所でポスター、横断幕、ガイドブックを持つ人にでくわす

図1・5　イズリントン区における1960年代建設の倉庫のリノベーション

図1・6　イズリントン区における地域熱供給システムのボイラー施設

住宅等が立ち並んでいる。これらのうち、近年の魅力的なリノベーション物件や、都市のインフラが数多く公開された。これらに注目することで、地域住民や来訪者は、その地域に根付いた市民の暮らしを垣間見ることができる（図1・5、図1・6）。

ホストとしての所有者とボランティア

オープンハウス・ロンドンでは、公開建築への来訪者に対して、解説や資料の配布だけではなく、お茶が出されるといったさまざまなサービスが提供される。それ以外にも、安全管理や基本的な案内等に対しても十分な配慮がなされている。この役割を担っているのが、建築所有者やその家族、市民の一般ボランティアである。

特に一般住宅では、公開の発意から当日の来訪者対応まで、当該住宅の設計等に関与した建築家の存在が大きく、全体の7割で、建築家の関わりがみられる[*1]。ただし、所有者も（自身が建築家であるケースも多いが）すべてを建築家に委ねるのではなく、半数以上で

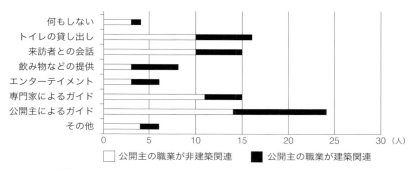

図1・7　住宅公開時における来訪者に対する提供サービス（n=43、複数回答可）

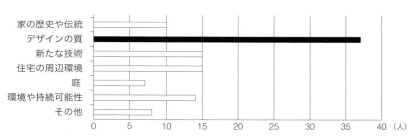

図1・8　住宅公開主がオープンハウス参加以前から伝えたいと思っていた項目（n=43、複数回答可）
（図1・7、8共に出典：岡村ほか（2015）「建物一斉公開プログラム『オープンハウスロンドン』における住宅公開オーナーの参画動機と役割」、日本建築学会技術報告集、No.47. pp.317-320）

自らが建物の解説にあたっている(図1・7)。そのほか、トイレの貸し出しやの飲み物の提供等、ホスピタリティにあふれた対応を行っている。「建築公開主がオープンハウス・ロンドン参加以前に来訪者へ伝えたかったこと」に関する問いでは、主催組織「オープン・シティ」が最も重視している「デザインの質」が43人中37人(86％)と圧倒的な支持を得ている。(図1・8)。

次に、ボランティアに着目すると、ボランティアの属性は、実際、建築タイプによってさまざまであるが、市庁舎、学校、オフィス等では、そこで普段働いている人、すなわち役所の職員、学校の先生、オフィスワーカー等がガイド役を務めることがある。

事務局がリスト化しているボランティアの数はトータルで1000人超にのぼり、これに公開建築ごとに確保してい

る数千人が加わると、総勢5000人程度の市民がボランティアとして活躍している。ボランティアは自ら関わりたい建築を選ぶことができるため、愛着の強い関わり方が可能である。さらに、イベント期間2日間のうち、1日はボランティアとして働くと、残りの1日は、各建築前の列に並ぶことなく公開施設の見学を行うことができる優先権が与えられており(「プライオリティ・エントリー」と書かれたシールを胸に貼ることができる)、これが積極的な参画へのインセンティブとなっている(図1・9、図1・10)。

来訪者にとっての楽しみ方

2日間で延べ20万人以上を集めるオープンハウス・ロンドンでは、ゲストそれぞれの興味・嗜好にあわせて、建

図1・9 「プライオリティ・エントリー」のタグを付けたボランティア

図1・10 ボランティアの活躍の様子

1章 「建築」をひらく 89

築やまちを巡ることができる。たいていは、片手にガイドブック（図1・1）、もう一方の手には地図（最も多く流通している都市地図帳「AZマップ」もしくはスマートフォン）を携えての移動となる。ガイドブックは、書店では1000円程度で、図書館等の公共施設では無料で1ヶ月程前から入手することができる。区ごとに建築リストが掲載され、巻末索引では目当ての建築を用途ごとにも探すことができるが、地図が付いていないため、別途地図を用意しなければならない。こうした不便を解消するために、2011年以降は、建築リストと地図が一緒になったスマートフォン用のアプリが提供されている（図1・11）。

観光ガイドブックにあるような非日常ではなく、日常のロンドンを大事にしているオープンハウス・ロンドンでは、疎密はあるものの公開される建築は市内全域に広がっている。中心部のアイコン的建築（例：30セント・メリー・アクス（通称ガーキン）や外務・英連邦省等）は大人気で、早朝より数時間の列に並ばなくてはならない（図1・12、図1・13）。一方、中心部から鉄道で30分〜1時間ほど移動し郊外にまで行くと、ゆったりと建築や都市を巡ることができる。田園都市思想によって計画された豊かな郊外（ガーデン・サバーブ）や、多国籍化や中心市街地活性化に取組む地域等、市民活動団体や専門家の解説付きで巡るガイドツアーに参加することができる（図1・14）。

そのほか、オープンハウス・ロンドン全体をとおして人気を誇っているのが一般住宅である。最新の超高層マンションから歴史的建築物のリノベーション住宅、エコ住宅まで、多くの住宅が公開される。一度に入れるキャパシ

図1・11　アプリの画面（出典：オープンハウス・ロンドン アプリ）

図1・12　ガーキン前の長蛇の列

ティの限度もあり、玄関前には長蛇の列ができる(図1・15)。多くの住宅では、居間や庭だけでなく、台所、寝室、浴室まで、プライベートな空間を見せてくれる。それゆえに、来訪者は、自身の家造りの参考にすることもできる。

　主催者発表の調査結果によれば、オープンハウス・ロンドンを通じて、25％の人が、訪れたことのないエリアを訪れ、そのうちの9割が、その後再びそのエリアを訪れたと回答しており、市民にとってのロンドン再発見の機会になっている。

オープンハウス・ロンドンの運営

　運営事務局であるオープン・シティは、年間約3300万円(1ポンド150円で

図1・13　外務・英連邦省前の長蛇の列

図1・15　住宅前にできる長蛇の列

図1・14　ロンドン西郊「ブレンサム・ガーデンサバーブ」を巡るツアー

図1・16　公共図書館前に無料配布されているガイドブック(書店では1000円程度で販売されている)

換算）の費用のうち、60％を自治体（大ロンドン市内の各行政区）からの補助、15％を民間スポンサーの出資、25％が自主事業（ガイドブック等の販売）から得ている。特に自治体（区）は、出資者として、あるいは一般市民にオープン・シティの理念を伝える際の窓口として、重要視されている。それゆえに、ガイドブックは、図書館等の公共施設では無料で配られている（図1・16）。他方、民間スポンサーには、ゼネコン、デベロッパー、メディア等が名前を連ねている。ソーントン氏の話によれば、この官民からの協賛をいかに獲得するかが、実務的な面においてイベント成功のカギをにぎっており、まずはスポンサーへの挨拶回りが、新年度の企画の第一歩であるという。

企画運営体制に関しては、主催組織オープン・シティの常勤スタッフわずか2名と臨時のボランティアを含めた10数名が中枢にいるだけで、かなり小さな組織がこのビッグイベントを動かしている（図1・17）。

オープンハウス・ロンドンの通年化・多角化

オープンハウス・ロンドンは、どれだけ人気が出ても年1回のペースを守

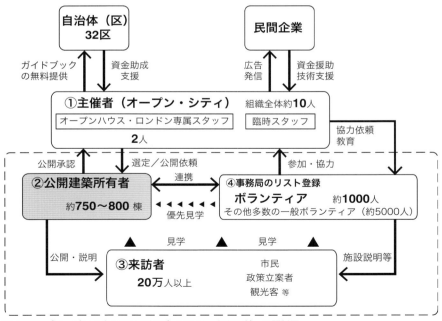

図1・17　〈オープンハウス・ロンドン〉のステークホルダーの関係図

っている。これは、財源や企画運営体制上の限界でもあるが、イベント時における体験が貴重な機会であることを示し、また来年も参加してみたいと再訪意欲を掻き立てるための戦略である。

ただし、建築教育の機会は多ければ多いほどよい。そこで主催団体のオープン・シティは、近年子ども向けプログラム「オープンハウス・ジュニア」や環境問題に特化したプログラム「グリーンスカイ・シンキング」に取組み、建築教育機会の多角化を図っている。また、通年プログラムとして、まち歩きツアー等も実施している。こちらは、オープンハウス・ロンドンと差別化するために有料としている。

これらは、オープンハウス・ロンドンも含め、オープン・シティが掲げる3つのEの一つ「Engage（関与する）」に含まれる。そのほか、「Educate（教育する）」として学校向けのプログラム、「Enable（機会を与える）」として議員やコミュニティに対するプログラムを提供し、オープン・シティは、建築の創造性やデザイン性を通じて、住みやすい、活気ある都市ロンドンを目指し活動の幅を広げている。

＊1　筆者は、2011年または、2012年の「オープンハウス・ロンドン」において住宅を公開した所有者を対象としたアンケート調査を実施した。

開催地　イギリス・ロンドン

開催規模（公開数）　約750ヶ所（2016年）

予算　約3300万円

来訪者数　約20万人

開始年　1992年

2016年現在の回次　24回

運営組織　オープン・シティ

「市民と建築・都市をつなぐオープンハウス・ロンドンの 25 年」

ヴィクトリア・ソーントン

〈オープンハウス・ロンドン〉は、英国ロンドンで、毎年9月の第3週末に開催される建築公開プログラムである。1992年に始まったこのイベントは、市民に対して建築の優れたデザインや創造性を学ぶ機会を提供することを目的にしており、現在20数年を経て世界30数都市へ伝播している。この取組みを考案し、常にパワフルな言動で先導してきたのが、ヴィクトリア・ソーントン氏(略歴は後述)である。

東京大学での講演風景(2016年11月2日)

〈オープンハウスの理念〉

オープンハウスの目的や価値観について触れる前に、このアイデアを発展させてきた経緯やそもそもの始まりからお話します。そして、ロンドンのオープンハウスとはどんなものか、どのように世界30数都市に広がっているかについてお話します。

この活動を始めた1992年当時、私は、建築の専門家と一般市民の間にある障壁に対してフラストレーションを感じていました。そこで、市民がロンドンの建物へのアクセスできる機会をつくりたいと考えたのです。信念としては、「直接体験する」ということが最も効果的であると考えていました。それは、市民あるいは地域社会が、自分を取り巻く物的環境の質を理解し、学習し、そして議論をしたり、それに対して主張をしたりすることを促すからです。

いろいろな側面において、市民は建築から疎外されていると感じることがあります。建築・都市環境に関する知識や理解は専門家に限られており、排他的なものであると感じてしまうのです。だからといって、市民がそれを理解したいと思ったり、探求をしたいと思ったり、建築に関する対話に関与したいと思わないわけではありません。まちのさまざまな場所や建物について関与したいと考えていても、今までは門戸が開放されてこなかったのです。すべての人に対してイングルーシブ(包摂的)に公開されることも、無料で自由なアクセスも十分には与えられていなかったのです。

そこで、オープンハウスが目的にしたのは、地域社会、つまり一般市民、建築の専門家、そして政治家の間に対話の場をつくり出していくことです。それによって、建築物や建築環境がみんなにとってよくデザインされた都市は重要性をもつのだという理解を促したいと考えました。

　実施にあたって、私たちは、簡単な原則を四つ設定しています。第一に、「質の高い建物を見せるべきである」ということ。ここで言う質には、エンジニアリングやランドスケープ等も含まれます。また、建築には、現代建築、あるいは歴史ある建築、両方が含まれます。建築の建設年代にかかわらず、よい建築物を公開するということです。第二に、「すべての建築や場所への入場は無料であるべきである」という原則です。すべての市民に対してインクルーシブに公開するということです。そして第三に、「イベントは主には市民や地域社会を対象にしたものである」ということです。つまり、自分たちの住んでいる都市に関与し、もっと知ってもらうのです。それから第四に、「学習はすべての人たちの間での会話を通じて行われるべきである」ということです。情報を共有し対話をする、建築家がプロジェクトについて話す、あるいは専門家が案内するための情報シートを準備するというようなことです。そして最後に、「営利目的であってはならない、営利組織によって行われるものではない」ということです。主催者の動機は市民のプライド、誇りを醸成することであるべきです。

ヴィクトリア・ソーントン
オープンハウス・ロンドンの主催団体オープン・シティ（旧オープン・ハウス）の創設者。活気があり、暮らしやすい都市の創造におけるデザインの重要性やすべての人々の役割をステークホルダーとの対話を通じて、長年主張してきた。1992-2016年、オープン・シティのディレクターや多数の展示会のキュレーターを務めるとともに、RIBA建築センター（1994-98年）を設立し、RIBA賞審査員（2003年）、アイルランド建築財団委員会メンバー（2005-13年）等を歴任してきた。著作に『Open House London』（Ebury Press、2012）、共著作に『London's Guide to Contemporary-Architecture』（Routledge、2014）等がある。現在、オープンハウス・ワールドワイドの運営に尽力しながら、多数の建築関連団体のアドバイザーや委員会メンバーを務めている。2003年RIBA名誉フェローメンバー、2006年ロンドンメトロポリタン大名誉修士号を授与、また建築教育の取組みが評価され2012年OBE（大英帝国第四勲位）を受章している。

ソーントン氏の来日時は、東京、横浜、大阪の三都市でシンポジウムが開催された（「オープンハウス・ロンドンに学ぶまちの『開き方』」2016年11月）

1章　「建築」をひらく　95

図1 ロンドン西郊ハーローの中心市街地の再開発をテーマにしたツアー（2016年）　　図2 オリンピックパークのランドスケープデザインに関するツアー（2014年）

〈オープンハウス・ロンドンから世界へ〉

　それでは、オープンハウス・ロンドンのイベントは、実際どのようなもので、どのように機能しているのでしょうか。2016年には750の建物が、各建物の所有者によって、半日から2日間公開されました。そして、20万人の人々が訪れました。あらゆる年齢、職業の人たちがさまざまな種類の建築を見るチャンスです。プライベートな住宅、あるいは政府の建物、学校、文化施設であったりします。また、交通に関するプロジェクト、ランドスケープのプロジェクト、パブリックアートのプロジェクト、あるいは将来ロンドンで行われる開発等、これから形づくられるものについてのツアーもあります。（図1〜4）

　オープンハウス・ロンドンは、10人程の小さなチームによって運営されています。建物のオーナーにコンタクトを取り、説得し、公開への協力をお願いする。1000人のボランティアを募り、そのボランティアたちは週末の2日間、万事運営が順調にいくように貢献してくれます。また、これを実現するためのスポンサーシップを獲得し、マーケティングのいろいろな資料、材料を制作し、建物の概要説明をつくり、ウェブサイトを立ち上げ、アプリや地図の制作、そのための調査を実施します。ロンドンでは、この準備に毎年1年をかけています。

　オープンハウス・ロンドンは、当初から建築環境を対象とした多様でユニークな市民参加型のイベントでした。そのため、たくさんの市民がすぐさま共鳴し、1年目から成功しました。オープンハウス・ロンドンのボランティアのなかには、それぞれ世界各地の自分の都市に戻る人もいます。彼らによって、この

図3　個人宅公開の様子（2015年）

イベントは世界に広がっていきました。2010年には、オープンハウスを各都市でやりたいという人たちのために、「オープンハウス・ワールドワイド・ファミリー」というネットワークをつくりました。このネットワークは、世界五大陸の30以上の都市に現在拡大しています。そこではオリジナルであるオープンハウス・ロンドンのコンセプトと価値観が共有されています。世界中で100万人以上の人たちが、オープンハウスに参加し、そこでは無料で建物にアクセスすることが可能であり、それを直接体験することで、それぞれの市民が自分のまちや地域に対する権利を認識することを目指しています。

　今やオープンハウス運動と呼ばれますが、ムーブメントとして台頭したということは、国際的に市民の意識が変わってきたことを示しています。すなわち、都市は市民の生活を決定づけるものであることに市民が気づき、都市を創造することにより関与したいという希望を抱いている、その傾向が拡大しているのです。現在、急速な都市化とともにジェントリフィケーションが起きていますが、大切なのは持続可能性、そして平等であると私たちは考えています。オープンハウスは、よりインクルーシブに、市民が自由に都市へ関与する方法を提供するものであり、市民の声を聴き、都市空間を民主化するのです。

I章　「建築」をひらく　97

図4　設計事務所内の模型製作室公開の様子（2016年）

　オープンハウスは都市を市民と専門家が協働でデザインし、創造するプロセスに貢献します。それは建築家や都市計画家は、コミュニティのノウハウと専門知識を活用し、イノベーションに富んだソリューションを展開できるだろうし、地域のニーズを理解することで市民が中核に据えられたソリューションが生まれるでしょう。それはつまり、市民も専門家も皆が都市を所有しているのだという意識と自主性を芽生えさせるのです。

〈インパクト・スタディ〉

　経験的には、オープンハウスを訪れる市民、あるいは建築の所有者、市の職員、ボランティアがオープンハウスのイベントや理念に価値を見いだしてきたことは確かです。しかしながら、そのインパクトや効果に関する実質的な証拠は少なかった。そのため、私はオープンハウスの運営組織「オープン・シティ」の最高責任者を辞任し、オープンハウスの効果の検証に集中することにしました。市民が高品質な建築環境を理解し評価することを、そしてその建築にコミュニティを介入させ、コミュニティをエンパワーメントしていくことに価値が

図5 オンラインで公開されている「インパクト・スタディ」のレポート
(出典：オープンハウス・オスロ HP)

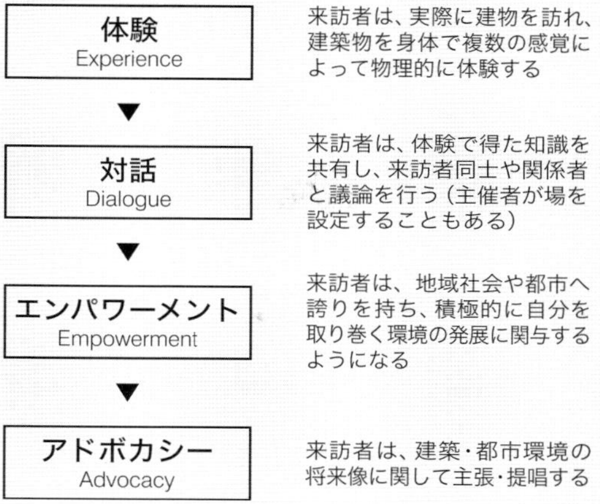

図6 オープンハウスが提唱する市民と建築・都市をつなぐための四つの段階的プロセス

あることを立証したいのです。
　実際に私たちが行っている効果の検証、インパクト・スタディは、世界各地でオープンハウスを行っている都市の調査や事例研究を活用して行っています。持続可能性やスマート・シティの促進に関しても、市民参加が拡大しているなかでオープンハウスがどのように貢献しているか、それを理解することが重要です（図5）。
　この調査のために次のような質問を挙げています。
・オープンハウスは、関係者や参加者の都市に対する姿勢を変えるものであるか。
・オープンハウスに対する障壁があるとすればそれは何か。ベストプラクティスはどのようなものか。
・オープンハウスは積極的な市民参加や協働デザインを奨励するか。
・オープンハウスの効果は都市・まちづくりにおける、そのほかの典型的な市民参加の方法と比較してどうか。
・オープンハウスは、建築環境に対する市民の反応や変化を検証し、その後の都市・地域づくりの意思決定に役立つか。
　オープンハウスのコンセプトはシンプルです。都市の建物を一般市民に公開し、楽しんでもらうということですが、現実にそこで起きていることは、いく

つものプロセスから成り立っています。それは、まず体験（Experience）、そして対話（Dialogue）、エンパワーメント（Empowerment）、アドボカシー（Advocacy）、最後に影響力をおよぼすというステップです。

　もう少し説明すると、オープンハウスをとおして市民が、よくデザインされた建築や都市は人々の生活を改善するのだということを体験すると、彼らはエンパワーメントされ、建築・都市環境に関して主張・提唱するようになるのです。オープンハウスの主催組織は、集めた知識を活用し、市民に代わって政策に影響力をおよぼすようになります。市民が主張・提唱するという、この目標を達成するためには先の各プロセスは不可欠です。体験だけ与えても対話がなければ意味がないし、情報を与えずに対話だけさせることもできない。効果を最大化するために我々が各プロセスでとったアプローチを説明します（図6）。

〈体験 Experience〉

　建築を身体で物理的に体験をすることは、インターネットやテレビのように画像を通じた体験とは違ったものを提供します。聴覚や触覚等複数の感覚によって体験する3次元空間の体験は独特です。

　また、市民がエコビルディング等建築技術の最先端を体験する機会も提供します。例えば〈オープンハウス・チューリッヒ2016〉では、坂茂氏が設計した、世界初の木造オフィスビル「タメディア新本社ビル」のガイドツアーを提供しました。この建物は、鉄の補強のない木構造で造られたものです。ツアーも無料で提供されており、多くの来訪者を集めました。

〈対話 Dialogue〉

　街中を巡って、いろいろな建築を見ると人々は自然と体験した建築について会話をします。得た知識を共有し、あるいは何が気に入って、何が気に入らなかったか、その理由は何かというような対話です。この対話はインフォーマルなディスカッションの場合もあれば、計画されたイベントの場合もあります。オープンハウスが組織するディベート等もあります。

　我々は多様でインクルーシブな対話のプラットフォームをつくり出すことによって専門用語に走りがちな専門家と建物利用者とのギャップを橋渡ししよう

としています。ロンドンでの来訪者調査で、ある回答者が「都市計画の最も重要な決定が私の頭の随分上のところでなされてしまって、私の声等届かない」とコメントしているように、政府、民間組織、専門家団体、一般市民がそれぞれに独自のスタイルで意見交換する場が必要なのです。

例えばオープンハウスが企画するディベートでは、いろいろな現代的課題を扱い、まちの重要な問題についての議論を盛り上げることもできます。それは政策立案にも活かされます。つまり政策課題を設定する役割も果たしているのです。例えば、〈オープンハウス・ダブリン2015〉においては、住宅問題に関する議論を「現在の私たちの生活」というテーマで行いました。ロンドンでは、2015年に環境汚染を取り上げ、よりクリーンな都市づくりはどうすればできるかを議論しました。

これはよくある、お上である行政が一般市民の意見を集めるような市民参加の手法とは違い、すべての関係者が平等に扱われます。

さらに、議論をつくり出していくうえで、ディベートをソーシャルネットワーキングとつなげることも効果的です。特に若い人たちにとって重要な問題をディスカッションする際に有効です。環境汚染をテーマにしたロンドンでのディベートでは、生のディベートと併行してサーベイモンキー（注：オンラインでのアンケート調査）やツイッター上でのディスカッションも行いました。

〈エンパワーメント・アドボカシー Empowerment, Advocacy〉

人に対してエンパワーメントをし、地域社会ないしは市民の誇りに基づく行動を取らせるという行為は、国家レベルで行うよりも、自治体レベルで行ったほうが効果的であると長年考えられてきました。その観点から、私たちも広域の国や地方のイベントではなく、都市のイベントであることを重要視しています。実際、オープンハウスは共通の価値観に基づく世界的な現象ですが、各都市では、それぞれにローカルなレベルで運営されています。特定の目標やプログラムは、それぞれの都市が策定します。地元の人々のニーズや特性に合ったかたちで開催し、それを通じて積極的な市民活動を可能にするのです。

ある欧州の来訪者調査によると、オープンハウスに参加した回答者の92％がオープンハウスによって自らの都市をより明確に、さまざまなかたちで理解できたと答えています。さらに、より積極的に都市生活、あるいは都市生活のた

I章 「建築」をひらく 101

めの計画に関与する気もちが生まれたと答えています。また、回答者の43%は
より積極的に都市計画や建築物に関するディスカッション等に関与する意向を
表しています。

　こうして見ると、オープンハウスは体験を提供し、対話をつくり出すだけで
はなく人々がより積極的に自分を取り巻く環境の発展に関与することを促すの
です。これは、都市レベルでもそうですが、もっと身近な近隣レベルについて
も言えることです。

　よりよくデザインされた都市の価値について、市民の理解を促進できれば、
建築の役割も変わり得ます。建築は環境、社会、あるいは経済的な持続可能性
にどのように取組み、人間中心のデザインを取り入れることによって、居住者
の健康や福利をどのように最適化し得るのか、といった側面で実際に影響をお
よぼすことができるようになるのです。

〈影響力〉

　このように、オープンハウスが企画するディベートや世論調査等の回答は非
常にパワフルなツールとなり得ます。それらを地元の政治家や公共政策に携わ
る職員、あるいは建築家や建設産業に対して示すことで、彼らの行動を促すこ
とも可能になり、また市民との橋渡しをすることにもなります。その都市の将
来に関する議論に、市民の声を届けることができるのです。一般的に今の社会
では、市民の声が欠如していることを考えると、これは重要なことです。

　つまり、オープンハウスのアイデアは建築を公開し、一般市民のアクセスを
可能にするというシンプルなものですが、その成功はユニークな体験、対話、
そしてエンパワーメントによるものです。そして、さらに重要なのは、都市や
建築の将来について、専門家や政治家だけでなく市民が関与できるユニークな
方法を提供してきた点です。

　この取組みは、世界各地で成功を収めているわけですが、大切なのはどれも
あくまでもローカルな活動であって、その影響力もローカルであり、自分に近
い地域社会における影響力を備えているという点なのです。

(収録:2016年11月4日YCCヨコハマ創造都市センターにて開催された「オープンハウス・ロンドンに学ぶ
まちの「開き方」-オープンシティ・横浜を目指して-」の基調講演「Public Engagement Open House London
Weekend」より)

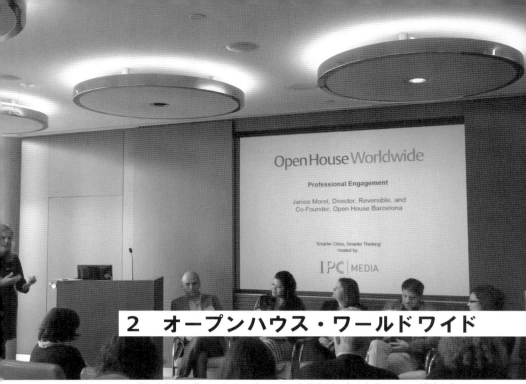

2　オープンハウス・ワールドワイド

世界各地から集まったオープンハウス主催者が理念や方法について議論を交わす

ロンドンから世界へ

　1992年に始まった〈オープンハウス・ロンドン〉(ロンドン、事例1)の目覚ましい発展と活力ある都市ロンドンの様子は、国を越えて影響を与えており、オープンハウスの取組みは、2002年にニューヨーク(アメリカ)、2005年にダブリン(アイルランド)へと伝播した。さらに、欧州内はもちろんのこと、世界五大陸の各都市へ広がっている。
　2010年には、オープンハウス・ロンドンの主催団体「オープン・シティ」の当時の代表ヴィクトリア・ソーントン氏の音頭のもと、これらの動きをネットワーク化し、〈オープンハウス・ワールドワイド(以下OHWW)〉と呼ばれる緩やかな連携組織が形成された。さらに、2011年および2012年には、このネットワーク組織による国際会議が開催され、オープンハウスの企画運営のノウハウや課題の共有が行われた。2012年6月、ロンドンで開催された第2回の会議では、「人々と場」をテーマに、ロンドンをはじめ、ダブリン、ニューヨーク、メルボルン等から関係者が集い、各都市の開催状況報告を踏まえ、財源

の問題やボランティア教育等に関して熱い議論が交わされた。

四つの基本原則

2016年10月現在、OHWWに加盟するための四つの基本原則が以下のとおり定められている[*1]。

1）建築のデザイン

オープンハウスは、建築の優れた価値にもとづき、現代建築も歴史的建造物も含めて卓越したデザインを披露することで、コミュニティのなかで建築への愛着、理解、学習を促進するという、オープンハウスの基本的コンセプトを守らなくてはならない。

2）無料公開

オープンハウスにおけるすべての建築は、例外なく無料公開でなければならない。また、所有者に対しては、参加費等を課してはならない。

3）民間・非営利団体

オープンハウスを毎年実施するための組織が既に存在しているか、新設されなくてはならない。当該組織は、政治的結びつきや職能団体からは自立した非営利組織もしくはチャリティー団体でなければならない。

4）建築教育

オープンハウスの最も重要な目的は、都市的地域における建築教育であり、それを後押しするためのイベントである。

さらに、これらの4原則を補強するために、①都市、②組織、③イベント、④財源、⑤オープンハウス・ワールドワイド協定、⑥ウェブサイトとロゴ、⑦費用等に関する詳細な条件が示されている。例えば、①の都市に関しては、人口は最低40万人で、当該都市内における150件の建築リストが必要であり、イベントは都市単位で開催するよう要求されている。③や⑤に関しては、OHWWへの加入都市は3年間の契約が締結されるが、仮に2年間オープンハウスイベントが実施されない場合、契約は無効となる。また、当該契約により、オープンハウス・ワールドワイド・ファミリーのロゴの使用権が認められる（図2·1）。⑦費用に関しては、加入料として500ポンド、年会費として、各都市のイベント規模に応じて100〜500ポンドが徴収される。

Part of the
Open House Family
openhouseworldwide.org

図2·1　オープンハウス・ワールドワイドのロゴ（提供：オープンハウス・ワールドワイド）

加盟組織・各オープンハウスの現状

2017年8月時点で、OHWWには37組織（都市）が加入し、実際オープンハウスを実施するのは36都市にのぼる（図2・2）。前述のとおり、欧州だけでなく、アフリカではラゴス（ナイジェリア）、アジアではエルサレムとテルアビブ（イスラエル）、南米ではブエノスアイレス（アルゼンチン）とサンチアゴ（チリ）等が加盟している。

加盟都市の人口規模に着目すると、最小のベルファスト（6700人）からロンドン（867万人）まで幅があるが、大部分は基本原則の40万人を上回っている（表2・1）。

組織形態としては、ほとんどが民間の非営利組織であり、オープンハウスの実施を目的に新たに設立されたものが多い。また、ソーントン氏によれば、留学等でロンドン滞在時に、オープンハウス・ロンドンのボランティアを経験した人が、帰国後にオープンハウスを始めるというケースがあるとのこと。まさに、ファミリーが世界各地に散らばっている感覚である。

イベント規模としては、公開される建物数が100を超えている都市は半分に満たない（中央値は86.5）。また、オープンハウスの歴史が古いほど、建物数は多い傾向があり、2012年以降に始められたオープンハウスでは、100を超えるのはマドリード1都市のみであり、時間をかけて規模の拡大を目指している様子がうかがえる。

訪問者数は、20万人を超えるロンドンは別格として、多くは1万人から5万人程度である（延べ訪問者数）。一方、イベントを支えるボランティアは、数

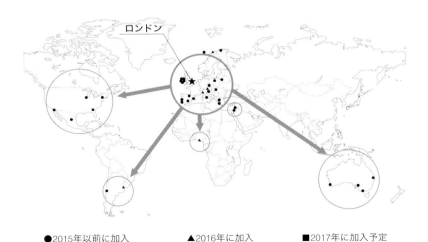

●2015年以前に加入　　▲2016年に加入　　■2017年に加入予定

図2・2　オープンハウス・ワールドワイドの加入都市分布

表2・1　オープンハウス・ワールドワイドの一覧（2017年1月現在）

都市	国	都市人口	創設年	主催組織	イベント日程	建物数	ボランティア	来訪者数
ロンドン	イギリス	867万人	1992	Open City	2016/9/17-18	750	1000人以上	20万人
ニューヨーク	アメリカ	840万人	2002	Open House New York	2016/10/15-16	275	1000人以上	8万人
ダブリン	アイルランド	53万人	2005	Irish Architectural Foundation	2016/10/14-16	90	不明	不明
テルアビブ	イスラエル	41万人	2007	不明	2016/5/26-28	153	不明	不明
エルサレム	イスラエル	81万人	2007	不明	2016/10/22-24	126	不明	不明
ヘルシンキ	フィンランド	60万人	2007	Open House Helsinki	2016/9/9-11	29	不明	不明
オスロ	ノルウェー	62万人	2007	Norwegian Architects Association (NAL), NIL Statsbygg(2008-) DogA and PBE(2015-)	2016/9/24-25	165	300-500人	4万2000人 (2015年)
メルボルン	オーストラリア	409万人	2008	Committee for Melbourne, Future Focus Group,	2016/7/30-31	140	数百人	不明
バルセロナ	スペイン	160万人	2010	48h Open House Barcelona Cultural Association	2016/10/22-23	150	900人以上	5万660人 (2014年)
ブリズベン	オーストラリア	210万人	2010	the Queensland Government, the National Trust of Australia (Queensland), and the Brisbane Development Association	2016/10/8-9	100	数百人	不明
スロベニア	スロベニア	206万人	2010	aFRONT Institute	2016/4/15-17	107	不明	1万5000人
シカゴ	アメリカ	272万人	2011	The Chicago Architecture Foundation	2016/10/15-16	200	1600人	10万人
ローマ	イタリア	263万人	2011	the Open City Rome	2016/5/7-8	170	500人以上	不明
リスボン	ポルトガル	53万人	2012	Trienal de Arquitectura de Lisboa	2016/7/2-3	73	100人以上	不明
パース	オーストラリア	183万人	2012	Open House Perth	2016/11/12-13	90	不明	不明
テッサロニキ	ギリシャ	32万人	2012	Open House Greece	2016/11/19-20	83	450人	3万7000人
リムリック	アイルランド	19万人	2012	OpenHouseLimerick	2016/10/7-9	25	不明	不明
グディニャ	ポーランド	25万人	2012	OPEN HOUSE Gdynia (pura, Gdynia20126, IINNE SZLAKI)	2016/5/20-21	52	不明	不明
ブエノスイレス	アルゼンチン	296万人	2012	CoHabitarUrbano	2016/12/3-4	96	544人	2万3000人 (2015年)
ウィーン	オーストリア	174万人	2012	Verein OPEN HOUSE WIEN - Architektur für Alle	2016/9/10-11	80	200人	3万人
アテネ	ギリシャ	66万人	2013	Open House Greece	2016/4/15-17	91	450人	2万人 (2015年)
モンテレイ	メキシコ	114万人	2013	Open House Monterrey A.C.	2016/4/22-24	60以上	不明	3200人
コーク	アイルランド	12万人	2014	the Open House Cork Committee	2016/9/30-10/2	23	不明	不明
ビリニュス	リトアニア	54万人	2014	Architektūros fondas	2016/4/23-24	44	300人	1万9500人
プラハ	チェコ	125万人	2014	Open House Praha	2016/5/14-15	51	不明	4万7784人
マドリッド	スペイン	317万人	2014	CULTURE CARE FOUNDATION	2016/10/1-2	120	600人	4万人
ベルファスト	イギリス	0.67万人	2015	PLACE	2016/10/21-23	24	不明	不明
ポルト	ポルトガル	23万人	2015	Casa da Arquitectura Trienal de Arquitectura de Lisboa	2016/6/18-19	51	150人以上	不明
ラゴス	ナイジェリア	520万人	2016	British Council Nigeria	2016/4/29-5/1	30以上	不明	不明
ミラノ	イタリア	125万人	2016	PLEF	2016/5/7-8	75	170人	1万4000人
チューリッヒ	スイス	38万人	2016	Verein Open House Zürich	2016/10/1-2	61	130人	1万7800人 (実数 8000人)
ストックホルム	スウェーデン	79万人	2016	Open House Stockholm	2016/10/7-8	44	不明	9800人
サンディエゴ	アメリカ	140万人	2017	SanDiego Architectural Foundation	2017/3/25-26	47	-	-
トリノ	イタリア	90万人	2017	Associazione culturale Open House Torino	2017/6/10-11	100以上	-	-
サンチアゴ	チリ	616万人	2017	Fundación ProCultura y Colectivo Aldea	2017/3/18-19	70	-	-
ビルバオ	スペイン	35万人	2017	Asociación Open Urbanity	2017/9/23-24	-	-	-
アトランタ	アメリカ	47万人	2017	-	-	-	-	-

百人規模のところが大部分である(図2・3)。

アジアへの期待

2016年に「オープン・シティ」の代表を後任に譲ったソーントン氏は、今後OHWWの発展に尽力していくとのこと。同年11月には、将来的にはOHWWへの加盟を希望している〈生きた建築ミュージアムフェスティバル大阪〉(大阪市、事例3)を訪れる等、各地のオープンハウスを飛び回っているなかで、東・東南アジアでのオープンハウスの実施にも期待を示している。

*1　文書は以下のURLからダウンロードできる。http://www.openhouseworldwide.org/pdf/Open_House_City_Request_Form_2016.pdf)

図2・3　ローマ(2013年、左上)ニューヨーク(2014年、右上)、ウィーン(2016年、左下)、ヘルシンキ(2015年、右下)の建物公開の様子。数百人規模のボランティアが各地でイベントを支えている。

1章　「建築」をひらく　107

3　生きた建築ミュージアムフェスティバル大阪
——大阪市

大阪中心部では貴重な木造3階建ての町家の前に入場待ちの列ができる

〈生きた建築ミュージアムフェスティバル大阪〉(通称：イケフェス大阪)は、2013年に大阪市の施策として始まり、古さや美しさ等のといった従来の文化財保護制度の評価にはとらわれず、現代の市民社会で使われ続けている建築を「生きた建築」として呼び、それらを一斉公開するイベントである。3年間の助走期間を経て、2016年イケフェス大阪は、取組みの持続可能性を求め、民間主導の建築公開イベントとして結実した。

都市の魅力創造戦略としての建築一斉公開

イケフェス大阪の始まりは、2012年に大阪府と大阪市が協働で策定した、「大阪都市魅力創造戦略」にさかのぼることができる。そのなかで、「世界の都市間競争に打ち勝つ都市魅力を創造・発信」を目標に立案された複数の重点プロジェクトの一つが、御堂筋のフェスティバルモール化に資する「生きた建築ミュージアム」であった。そして、2013年に大阪市は、大阪独特の魅力ある建築を称えるために、1)選定、

2)再生、3)活用の事業を備えた「生きた建築ミュージアム事業」に着手した。

　対象とする建築は、従来の文化財保護制度にとらわれない建築の評価を目指し、特に商業中心地である船場エリアを特徴づける戦前期の洋風建築、オフィス、商業等の戦後建築・現代建築等多様である。「ある時代の歴史・文化・市民の暮らしぶりといった都市の営みの証であり、さまざまな形で変化・発展しながら、今も生き生きとその魅力を物語る建築物等」を「生きた建築」と定義した。カテゴリーも、「水辺に向かって建つ建築」「心意気あふれる多彩な民間建築」「戦後大阪の都市改造」等大阪の地域特性を踏まえたものとなっている。2013〜14年の2カ年で計78件の建築物が「大阪セレクション」として選定され、2013年からの3カ年で、建築物の外観整備やライトアップ等の再生事業も実施された。

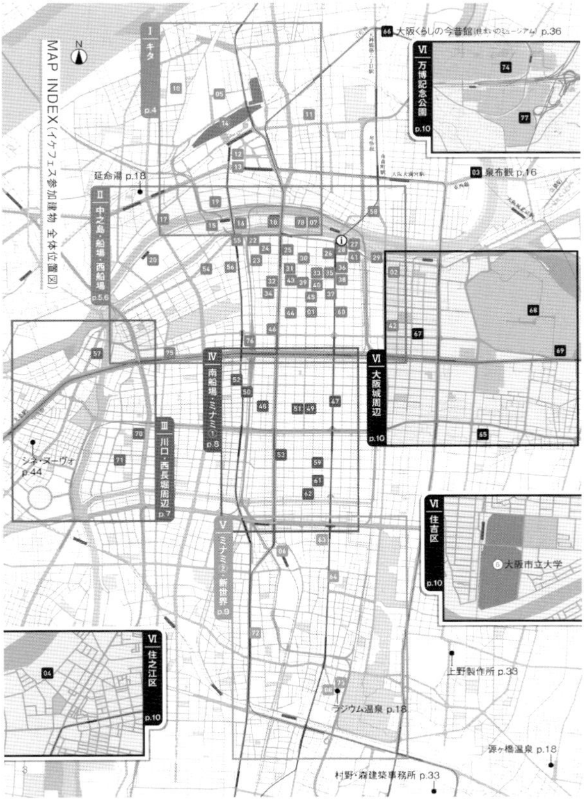

　このなかで、三つめの「活用」事業に当たるのが、建築一斉公開プログラムのイケフェス大阪である。大阪市都市整備局が主体となった行政施策ではあるが、そこに橋爪紳也氏（大阪府立大学特別教授）をはじめ、建築や都市の専門家が有識者会議をつくり、リードしてきた。2013年11月に実証実験と位置づけられ、14件の建築公開に加えて、トーク、ツアー、ライトアップ、写真展等の企画が実施された。

　続く2014年には、55件（77プログラム）、

図3・1　イケフェスのマップ（出典：生きた建築ミュージアムフェスティバル大阪公式ガイドブック（2016））

Ⅰ章　「建築」をひらく　**109**

2015年は95件（120プログラム）を公開するイベントへと拡大し、参加者数も、2014年は延べ1万人、2015年は延べ3万人を集客し（主催者発表）、関西圏を越えて関東からも多くの人を呼び込んだ。大阪市の予算も年々増加し、2013年度424万円、2014年度733万円、2015年度は890万円が計上されてきた。

このようにイベントとしては、大阪中心部において、2日間では回りきれない数の建築公開が実現し、船場をコアエリアとしながらも、ミナミ、大阪駅周辺、大阪城周辺にまで広がっている（図3・1）。公開対象となる建築の決定には、前述の「大阪セレクション」をベースとした候補のなかから、実行委員会内部で選定し、公開の依頼を申し出るというプロセスをとった。

イベント当日、各建物の入口付近には、黄緑色のフラッグが掲げられ、目印となっている（図3・2）。基本的に入場は無料で、なかには1〜2時間程度並ぶような人気建物もある（図3・3）。各建築では、自由に内部を見学するだけでなく、建築所有者による解説や、普段入れない部分の特別見学等も用意され、建築の歴史や魅力、住み心地や使い勝手等を一般市民に熱心に伝えている（図3・4）。

図3・2 建築前に掲げられた統一のバナー（新井ビル）

民間主導による開催の決定決行

　2015年(第2回)のイケフェス大阪では、「ジャパンオープンハウスサミット」と銘打ったシンポジウムが企画され、香川、広島、福岡、熊本から建築公開やそれに類するプログラムに取組む関係者が集まり、建築以外のジャンルとの協働や、建築とまちをつなげる機会について、オープンハウスの展開可能性が熱く議論された。

　2016年、イケフェス大阪は3年間の助走期間を経て、市からの予算措置がない状況で、民間主導によるイベントの実施が関係者の間で模索された。そこで、前述の橋爪氏をはじめ大学教員等の企画メンバーに複数の建物所有者、建築関係企業として竹中工務店やダイビル等の不動産・建設関連企業、そして大阪市を加えた「生きた建築ミュージアム大阪実行委員会」が発足し、継続開催が決断された。すなわち、20を超える企業からの協賛・寄付(企業・団体からは1口5万円、個人からは1口3万

図3・3　入館まで1時間待ちの列(原田産業株式会社大阪本社ビル前)

図3・4　建築所有者による解説(青山ビル)

図3・5　イケフェス大阪2016公式ガイドブックの表紙(出典：生きた建築ミュージアムフェスティバル大阪公式ガイドブック(2016))

1章　「建築」をひらく　111

円)ならびに、1冊300円の公式ガイドブック(図3・5)の販売を財源として、約400万円が事業経費として支出された。なお、実行委員会メンバーは無報酬で、事務局長を務めたT氏(大学教員)やそれをサポートした大阪市職員の人件費は発生していない。

こうした企画体制下で、2016年のイケフェス大阪では、76件の建物が公開され、安藤忠雄氏設計の「日本橋の家」では常時100人程が列をつくる等、延べ3万7000人の来訪者を得た。そのほかにもツアーの実施や、演劇や映画を題材とした企画との連携も実現している。また、クロージングイベントのシンポジウムに登壇したヴィクトリア・ソーントン氏(〈オープンハウス・ロンドン〉(ロンドン、事例1)創始者)は、インフォメーションの質の高さや多様な世代の参加を高く評価した。

実行委員会は今後、ボランティアのさらなる獲得(2016年は約70名)、通年活動化、法人格取得等さらなる発展を見据えている。これらは〈オープンハウス・ワールドワイド〉(パリ・ブリュッセル、事例2)への加盟を念頭に置いた動きとも言えるが、今後、イケフェス大阪が発展していくなかで、既存の大阪におけるまちづくりの動きと新たな「経験」や「対話」を重視するオープンハウス流の方法がどのように融合していくのか、また、〈オープンナガヤ大阪〉(大阪市、事例4)や〈オープン台地 in OSAKA〉(大阪市、事例7)等、市内のほかのオープンシティ・プログラムとどのように関係していくのか、今後の動きが楽しみである。

開催地　大阪府大阪市
開催規模(公開数)　76件(2016年)
予算　約400万円(2016年度)
来訪者数　延べ3万7千人(2016年)
開始年　2013年
2016年現在の回次　3回
運営組織　生きた建築ミュージアム大阪実行委員会

2章 「暮らし」をひらく

　かつて、日本の家屋は内と外がゆるやかにつながっており、人々は自由に出入りすることができた。しかし、近年の戸建住宅やマンションは閉鎖的なものが多く、近所に住む人の顔も分からないような、コミュニティの希薄化が起こっている。

　町家や長屋には、昔から続く暮らしの知恵や工夫、職人の技がつまっている。建物の内側には、外側からは分からない、昔ながらの丁寧な生活も残っている。しかし、近年、建物の老朽化や、所有者の世代交代等で取り壊されてしまう例も多い。これらの建物を期間限定でひらき、建物の魅力や価値を所有者・訪問者に再認識してもらうことで、その保存・活用・再生・継承を目指す取組みがある。京都で2005年から

2014年まで開催された〈楽町楽家〉をはじめ、本書で扱う〈金澤町家巡遊〉（事例5）や〈オープンナガヤ大阪〉（事例4）、〈城下町村上 町屋の人形さま巡り／屏風まつり〉（事例8）等、各地で行われている。

　また、〈五月が丘まるごと展示会〉（事例6）では、ニュータウンの普通の戸建住宅で、自宅の一部を開放して作品を展示して、住まい手と訪問者が交流を楽しむ取組みも生まれている。

4　**オープンナガヤ大阪**（大阪市）

5　**金澤町家巡遊**（石川県金沢市）

6　**五月が丘まるごと展示会**（広島市）

7　**オープン台地 in OSAKA**（大阪市）

8　**城下町村上 町屋の人形さま巡り／屏風まつり**（新潟県村上市）

4　オープンナガヤ大阪
——大阪市

豊崎地区には構造・意匠的に卓越した長屋が集積する一角が残されている

　大阪市内に現在約6500棟残存していると言われている戦前期に建てられた長屋を公開対象としているのが、〈オープンナガヤ大阪〉である。大阪の長屋は、構造的、意匠的に卓越した建築物が多く、大阪市立大学の長屋保全研究グループは、10数年にわたり残存状況を調査し、長屋が複数棟集積する「長屋スポット」の発見や耐震改修プロジェクト等に取組んできた。そのなかで、2011年に市民への周知や普及等を目指して始められた取組みである。

地元大学の調査研究からのスタート
　大阪駅から徒歩15分ほどのところにある豊崎地区では、マンション群のなかに、明治末から大正末にかけて建てられた主屋、前庭をもつ長屋、路地から構成される一角が残されている。大学研究グループは、この6棟20戸の豊崎長屋を再生モデルとして位置づけ、建物調査、文化財登録、耐震補強・改修、そして路地を活かしたアートイベント（長屋路地アート）等のプロジェクトを実施してきた（図4・1、図4・2）。こうした一連の取組みは、建築・まちづくり

114　Ⅱ部 事例編 各地のオープンシティ・プログラム

分野において高く評価され、数々の賞を受賞するまでに至った。

オープンナガヤ大阪は、このような長屋再生事例を市民へ広く周知し普及させることや、長屋関係者のネットワークを構築することを目的に、2011年に3ヶ所を巡るバスツアーから始められた。考案者である大阪市立大学の藤田忍教授の発想の根底には〈オープンハウス・ロンドン〉（ロンドン、事例1）があったため、翌2012年11月には、豊崎長屋をはじめ、市内各所の改修された長屋の所有者を直接説得し、11ヶ所を対象に期間限定の一斉公開イベントに本格的に乗り出した。これが〈オープンナガヤ大阪2012〉である。その後、イベントは毎年11月に定期化し、公開数も徐々に増えている。大学研究室で手がけた改修物件や、既参加者が実行委員会メンバーとして新たに長屋住民を勧誘することで、公開数は、2013年に20ヶ所、2014年に16ヶ所、2015年に28ヶ所、直近の2016年には32ヶ所（実際イベント当日には40会場、50戸に増加）と推移している。また、来訪者は延べ2000人超にのぼる（2015年）。

対象エリアは、大阪市全域に広がっているが、豊崎、阿倍野、住之江等、公開される長屋のあるエリアがマップに示されている。このように、イベントを通じて、特徴的な界隈が浮かび上がってくるのも、オープンシティ・プログラムの強みである（図4・3）。

イベントの企画運営に携わる事務局は、大阪市大の研究室が担っており（事務局長は大学院生）、ガイドマップの編集・デザインから当日の長屋での応対まで、学生たち30人程が存在感を発揮している。また、各会場（公開長屋）の関係者等約40名から構成される

図4・1　豊かな生活空間の残る豊崎長屋

図4・2　耐震改修され、普段は住宅として使われている長屋

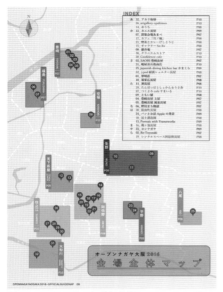

図 4・3　オープンナガヤ大阪 2016 のマップ（出典：オープンナガヤ大阪 2016 ガイドマップ）

実行委員会(実行委員長は、前述の藤田教授)が組織されている。オープンナガヤ大阪では、長屋への関心を広く喚起するために、このミーティングを公開で開催している。くわえて、開始当初から、SNSの活用をテーマの一つとして掲げ、イベント告知や公開長屋の勧誘に関して、積極的な情報発信を行っている。

暮らしびらき

　公開される長屋の玄関先には、さをり織り(大阪で生まれた手織りの手法)の暖簾が掲げられ、来訪者の目印とな

図 4・4　さをり織りの布が掲げられた公開長屋前の様子

116　Ⅱ部 事例編 各地のオープンシティ・プログラム

っている(図4・4)。また、長屋のプロフィールや所有者による建物のPRポイントを記した「長屋MEMO」が掲示されている(図4・5、2014年)。

イベントのテーマは、一貫して「暮らしびらき」であり、日常的な暮らしやなりわいをみせることに重きがおかれる。長屋の建物用途は、住居、オフィス、物販店舗、飲食店、アトリエ等多岐にわたるため、なかには、飲食店のように代金を払い飲食をすれば日常的にアクセス可能なものもあるが、イベント時には、無料で店内に入ることができる。

イベントの通年化

2016年は、オープンナガヤの通年化を目指したさまざまな取組みが行われた。公開日の11月12日、13日に先立ち、「オープンナガヤスクール」が実施され、長屋に実際宿泊し、そこでDIYの体験、まちあるきやトークショー等が5回にわたり開催された。また、長屋の関係者のネットワークを広げることを目的に、実行委員会のオープン化を行い、実際に長屋に住んでいる人や興味のある人の参加を促した。

そのほか、ガイドブックをイベントの3か月前に早期発行し、その間に、さらに10以上の公開長屋を増やすことに成功している。

図4・5　各長屋の前に掲示された「長屋MEMO」(2014年)

開催地　大阪府大阪市
開催規模(公開数)　40会場(2016年)
予算　約40〜50万円(2016年)
来訪者数　2000人(2016年／一般参加者延べ人数)
開始年　2011年
2016年現在の回次　6回
運営組織　オープンナガヤ大阪2016実行委員会

2章　「暮らし」をひらく　117

350年以上続く茶道釜師宅にて茶道の習わしの解説を受ける

5 　金澤町家巡遊
——石川県金沢市

〈金澤町家巡遊〉は、金沢特有の気候風土や暮らしの文化に適応するさまざまな住まい手の知恵と、職人の技術が随所に息づいている「金澤町家」の素晴らしさを、さまざまな企画を通じて体感してもらうイベントである。2008年秋から、少しずつ形を変えながら毎年開催されている。

金澤町家巡遊のねらい

加賀百万石の城下町・金沢には、城郭を中心に、惣構、武家地、町人地等が形成された。歴代の藩主が戦いを避けて学術と文化に力を注ぎ、第二次世界大戦でも戦火を免れたことから、歴史的まちなみが各所に残っている。

「金澤町家」とは、金澤町家研究会の川上光彦氏（当時、金沢大学教授）が2005年に提案し、定着してきたもので、1950年以前に建てられた、伝統的な構造、形態又は意匠を有する木造住宅の総称である。町家だけでなく、武家・足軽屋敷や近代和風住宅等も含まれる。

金沢市内に約6000軒あるが、そのうち約14.8％が空き家となっており、年

間約100軒が取り壊されている。

　金澤町家が壊されるということは、単に建物が壊されるだけはない。その建物が職人の工房であれば、金沢の伝統工芸の痕跡、武家屋敷であれば住まい手の知恵や細部に施された職人の技、ひいては金沢の文化が失われるといっても過言ではない。

　金澤町家巡遊は、建物見学・展示・レクチャー・体験・飲食等を通じて町家を知り、その保存活用について考える機会になっている。

金澤町家研究会

　主催団体である金澤町家研究会は、これまで金沢の歴史的建築に関わってきた研究者、建築技術者、コンサルタント、学生、一般市民等が自主的に集まって2005年6月に任意団体として設立され、2008年2月にNPO法人となった。

　法人の目的は「金澤町家の継承・活用にむけて、町家居住や町家保存に関心のあるあらゆる人に対して、関係機関とも連携をとりながら、町家の継承・活用の促進に関する事業、町家の修復等に関する研修事業、町家を利用した交流事業、情報発信事業等を行う。それらの事業を通じて、貴重な都市資産である金澤町家が減少している傾向に歯止めを掛け、金沢市における風格と

魅力ある街並み形成の促進および市民主体のまちづくりの推進に寄与すること」とされている（NPO法人金澤町家研究会定款）。そのために、町家修復のための研修事業や町家を活用した交流事業、情報発信事業を行っている。

　2015年6月現在、正会員72人、賛助会員5団体、学生会員1人である。

金澤町家巡遊の企画と予算

　近年の金澤町家巡遊は、金澤町家研究会幹事と会員のなかから、数名がコアスタッフとなり、年度初めから企画会議を行ってプログラムの準備を進めている。

　予算については、2016年度を例にとると、金沢市から金澤町家研究会の「金澤町家の情報発信事業」に対する補助金60万円のうち43万円を金澤町家巡遊に利用しているほか、後述するショップマップ掲載料、水引細工販売料、イベント期間中ツアー等収入で、合計106万8000円となっている。

第1回金澤町家巡遊

　金澤町家巡遊開催のきっかけに、京都で2005年から開催されていた〈楽町楽家〉に当時の金澤町家研究会幹事が参加したことだった。

　第1回目は〈町家巡遊08 ひと・わざ・

暮らしの町家展〉として、2008年秋に開催された。

（1）多様なプログラム参加を通じて町家の素晴らしさを市民に広く知ってもらうこと、（2）「わぁ素敵ですね」という言葉により家主のプライドをくすぐること、（3）町家に住んでみたい人と空き家を繋げること、（4）市街地を回遊する楽しみを増幅させること。

これらを目標に、33軒の町家を会場とし、以下の4種類・42プログラムが、東山エリア（第1週）、犀川エリア（第2週）、金石・大野エリア（第3週）、浅野川エリア（第4週）の四つのエリアで行われた。

①普段は公開されていない町家を期間限定で公開する「町家拝見」（13プログラム）。

②町家を仕事場としている職人・店主がミニレクチャーをする「町家 de マナブ」（13プログラム）。

③普段は非公開の町家や空き家を会場としてアート作品展示やコンサート等を行う「町家 de アート」（14プログラム）。

④賃貸や売却物件となっている町家を見学してもらう「住みたい町家を探そう」（2プログラム）。

プログラムの変遷

2010年までの「町家拝見」では、普段

は一般公開されていないが、予約せずに訪問できる町家もあった。しかし、訪問者のマナー等、問題が発生したため、2011年からは町家の公開方法がツアー形式に変更され、庭師、建築家、建築史家等、専門家がガイドするようになった。

2012年は、まちなかではなく、旧北国街道の北端である大樋町・春日町エリアをメインエリアとした地域密着型で開催された（図5・1）。

2013年は「町家と仕事」というテーマが設けられ、より実践的な内容になった。この背景には、2013年に入って代表的な町家が多く取り壊されたことや、イベント参加者の固定化、企画のマンネリ化等の問題があった。

そこで、町家をカフェやギャラリー、ゲストハウスに転用した所有者や、町家暮らしを始めた移住者から経験談等を聞く「町家トーク」、畳の手入れやふすまの張替え等を体験する「町家人のたしなみ」、実際に利用されている町家をガイド付きで巡る「町家見学会」、といった3種類のメインイベントを企画し、実際に町家を活用したい人の疑問に答えるだけでなく、町家の所有者がその価値を改めて認識する機会にもなった。

2014年は、大型町家である「紙谷漁網店」をメイン会場として、部屋ごとに展示やワークショップ、カフェ、野

菜直売所等を開き、維持管理が行き届かずに取り壊されるケースがみられる大きな町家の保存・活用方法をさぐった。

2015年は、「町家に住む」をテーマに、「おためし町家」「いまどきの町家」「町家を住み継ぐ」という3種類のメインイベントが企画され、住まいとしての町家を体験したり、見聞きできる機会になった。

このように、2013年から2015年にかけては、年ごとにテーマを定めて、町家を活用していくための実践的な内容となっていた。

2016年は、主催団体であるNPO法人金澤町家研究会の事務所が安江町にある彦三町家に移転したのを機に、事務所の周辺住民には研究会を周知し、他地域からの来訪者には安江・彦三周辺の街並みを一緒に楽しめる機会になるようにとの思いを込めて、企画された。

彦三町家の1階では、ほぼ日替わりでカフェが出店し、2階では竹工芸や水引細工、木版画等のワークショップが開催された（図5・2）。2016年は、彦三町家周辺の歴史を学ぶ「彦三CGツアー」、金沢城の防御のために築かれた惣構跡を探訪する「惣構学習ツアー」、

図5・1　金澤町家巡遊2012のイベントマップ（提供：NPO法人金澤町家研究会）

2章　「暮らし」をひらく　121

庭師の解説を聞きながら浅野川エリアにある三つの庭園を巡る「庭園ツアー」、町家の改修を数多く手掛けてきた建築士の案内で巡る「彦三ツアーと洋館付き町家拝見」等、7種類のツアーが開催された（図5・3）。

「水引細工」が繋ぐ縁

会場となる町家の軒先には、水引細工のオブジェが吊るされた。この水引細工の「あわじ編み」には、「人と人を結ぶ」という意味があり、「町家と町家や町家の住まい手を繋ぐ」という思いが込められている。初年からイベントの内容は少しずつ変化してきたが、2016年でもこれは目印として掲げられている（図5・4）。

イベント周知の工夫

イベント時に配布されるリーフレットは、例年、2万部印刷され、会場となる町家や町家ショップ、そのほか、市内各所の店舗等に配布されている。初年度はイラストがほとんどなく、写真と地図と文字のみだったが、2009年からは、「町家猫」のイラストをあしらい、

図5・2　彦三町家で行われた木版画ワークショップの様子　（提供：NPO法人金澤町家研究会）

図5・3　庭師の解説が聞ける庭園ツアーの様子

図5・4　目印の「水引細工」（提供：NPO法人金澤町家研究会）

122　Ⅱ部　事例編　各地のオープンシティ・プログラム

カラフルでかわいい体裁になった。東京の出版社から実家である金沢の桐工芸店に戻ってきた女性が構成を担当、大手広告代理店を退社し、金沢に移住した能登出身のグラフィックデザイナーがデザインを担当している。

また、2011年度からは金澤町家巡遊公式ホームページがオープンし、イベント内容の把握が容易になった。そのほか、金澤町家巡遊の開催趣旨や、町家見学に際しての注意事項も掲載されている。このホームページには、「町家瓦版」というブログもあり、金澤町家巡遊のお知らせや、開催中の様子が掲載されるだけでなく、金澤町家巡遊終了後も町家に関するイベント情報や催し等が継続的に更新される。ホームページの構成とデザインは、リーフレットと同じ彼らが担当している。2014年度からはfacebookでの情報発信も始まった。

まちへの波及効果

金澤町家巡遊にあわせて、展覧会やワークショップの開催や、限定メニューを提供する町家ショップもある。2010年からは、協賛金を支払った町家ショップを掲載したショップマップが別途作成されている。

金澤町家巡遊自体の参加者数は、約800人(2015年)だが、このショップマップを見れば、開催期間外であっても、金沢市内の町家巡りができる。

町家に関心をもつ層を広げること。そして、ツアーのガイドやワークショップ等で、金沢の伝統を守り育てている専門家が、一般の人々との接点をもつこと。町家の所有者が、町家に誇りをもつこと。金澤町家巡遊は、試行錯誤を繰り返しながら、金澤町家の継承・活用に向けたさまざまな仕掛けを取り込み、続けられている。

参考文献
・金澤町家研究会(2015)『金澤町家 魅力と活用法』能登印刷出版部
・山出保(2014)『金沢を歩く』岩波書店
・金澤町家研究会「金澤町家の継承・活用に向けて」(各年度事業報告書)

開催地　石川県金沢市

開催規模(公開数)　約40件のイベントやツアー(2015年)

予算　106万8000円(2016年)

来訪者数　延べ800人(2015年)

開始年　2008年

2016年現在の回次　9回

運営組織　NPO法人金澤町家研究会 金澤町家巡遊実行委員会

イベント開催時には、きれいに手入れの行き届いた邸宅の庭も公開され、まるで森の中のカフェのようである

6 五月が丘まるごと展示会
——広島市

　〈五月が丘まるごと展示会〉は、広島市の郊外(佐伯区)、アストラムラインの終着駅からさらに少し坂を登った丘陵地に建ち並ぶ典型的な郊外型戸建住宅地(五月が丘団地)内での、個々の自宅がひらかれるオープンイベントである。2016年に第10回を迎えたこのイベントは、毎年GWに開催され(第10回は5月1日〜3日)、30軒近くの住宅が、家の前に緑色のフラッグを掲げて自宅を無料公開して、自らの趣味や商品の展示、販売や小さな体験等を行っている。少子高齢化時代における、住宅が海のように広がる団地でのアクティビティを豊かにするモデル事例として期待されている(図6・1)。

戸建住宅地が開かれるまで
　1970年代に一斉に建設されたこの団地の居住者層の中心は、現在60〜70歳代であるが、いわゆるこの団塊世代がイベント企画の中心的存在でもある。五月が丘団地在住の彫金作家である坂田玲子氏が、伊豆高原で毎年5月に開催されている地域住民主体のイベント

〈伊豆高原アートフェスティバル〉(静岡県伊東市、1993年〜*1)にインスパイアされて、「五月が丘団地でもできないか」ということで、同じく団地在住の陶芸家である山田順子氏とともに発起人となり、住民有志で実行委員会(五月が丘まるごと展示会実行委員会)を結成して始まった(当初は口コミで募集し、16軒で始まった)。

この緩くも前向きな「ひらき方」は、突然始められたわけではなく、戸建住宅地の中に、わずかではあるがギャラリーや工房を併設した住宅があり、イベントを興す前から発起人らによって、自宅を開放した作品展示や、いくつか

の家での庭の公開等、自然と「オープン」イベントが行われていたことも取組みが生まれた背景の一つであろう。

住民の自主的な公開とふるまい

オープンの様子を見てみると、公開している住まいの前には、番号の振られた緑のフラッグが掲げられており、見た目にも分かりやすい(図6・2)。

もともと自宅に併設したギャラリーを営んでいるところでは、落ち着いた魅力的な空間を公開し、展示のみならず、販売や喫茶等が営まれている(図6・3)。こうした専門的な場だけでなく、

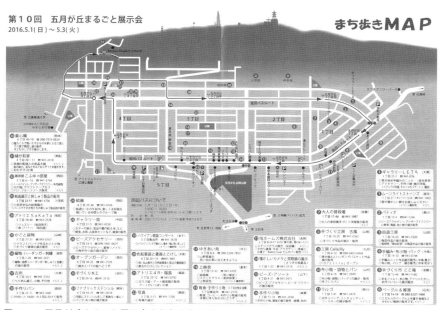

図6・1　五月が丘まるごと展示会まちあるき MAP　(提供：五月が丘まるごと展示会実行委員会)

自らの趣味や収集物を発表・自慢する場として用いている人も多い。全国の美しい風景や消えいく風景を撮りためた趣味の写真を部屋じゅうに飾る床屋さんや、自ら収集したたくさんの種類のこけしを並べ、こけし文化を感じられるような展示を行う家等も見られた。なかには、趣味が高じて、もはやプロに近い技を活かして、独自の製品を展示・販売する家もあり、例えば、アイアンワークを趣味とする住人の家では、工房や作業所、窯等が設けられた自宅の前で、普通のギャラリーで売られていてもおかしくないほどの素敵な家具を展示しながら、その一部を販売したり、非常に珍しい木々や盆栽を育てている家では、これを公開したりしている。あるいは、普段から工芸や服づく

図6・2　通常の戸建て住宅がこの時だけ展示会場に変わる

図6・4　趣味の写真を展示する理髪店

図6・3　まるごと展示会を実施する前から住宅地内で開かれているギャラリー

図6・5　趣味とは思えないほど高質なアイアンワークの展示販売を行う住宅

り、販売等を行っているなかで、このイベントを活用して、自宅を小さなアウトレットモールのようにして公開する家等もあった（図6・4、図6・5）。

また、庭を公開するところも多くあり、なかにはペンションと見間違えるほど美しく管理された庭先に木製デッキが設けられ、カフェさながらのオープンガーデンを提供する住まいも見られた。

基本的には住宅しかみられない戸建団地であるが、住宅に併設された小さなベーグル屋さんに立ち寄ってみると、お昼を迎える前に早々と売り切れてしまっていた。それほど、地域に愛される「小さな営み」が息づいている。

このように、公開に参加している人たちは、いずれも、自分が可能な範囲、あるいは、自分の得意分野を利用して、気負うことなくそれぞれの力を発揮して参加しており、そこがさらなる交流の契機を創出している。

団地自体は南北1.5キロ、東西0.5キロと広く、東側に向けて高くなる傾斜地であるため、歩いて巡るには少し苦労する距離である。そのため当日は、団地内を一周する「巡回バス」が用意されている（図6・6、図6・7）。

企画運営の五月が丘まるごと展示会実行委員会は住民有志10数名程度で構成されており、運営スタッフも、すべてボランティアで行われている。メンバーは女性が多く、夜な夜な集会所に集まり企画を練っている。資金については、一時期、助成を得たこともあるようだが、基本的には正会員（＝出展者）からの会費と、賛助会員からの協賛金、別途実施するバザーでの収入等を運営資金として進められている。

図6・6 コミュニティバスがまちじゅうを巡る

図6・7 五月が丘まるごと展示会のチラシの表紙
（提供：五月が丘まるごと展示会実行委員会）

2章 「暮らし」をひらく 127

住宅地ならではの特性と課題

　このような地域主体の企画において常に課題となるのが継続性であるが、2016年5月の開催で10回目を迎えている。来訪客の層を見ると、当初は団地内や近隣住人が多かったようであるが、メディアでも発信されるようになった近年では、市外・県外からもかなり多く訪れるようになっているようである。しかしながら、この企画の魅力は、ある意味で気負いがない点ではないかと思われる。それは、この企画が純然たる住宅地(エリアの多くが、用途の制限された第一種低層住居専用地域に指定されている)の中で行われており、外部からの来訪者や観光客などをあてにした地域活性化やにぎわい創出を第一の目的にしているというよりも、地域内同士あるいは地域内外の人たちの「交流」に目的があるからであろう。2007年に初開催されたこの取組みは、第1回において、24名が参加し、16カ所の住宅を会場として開催された。第10回を迎える2016年においても、参加組数は約40組と、初回に比べて爆発的に増加しているわけではないが、逆に言えば、大きく増やさなければならないという気負いもなく、できる範囲で、しかしながら、最大限のおもてなしが各地で行われており、筆者も、全く縁もゆかりもないご自宅にお邪魔して、普段の生活も垣間見えるダイニングテーブルでおもてなしを受け、ゆったりとお茶をすることができた。ただし、当初に企画を牽引してきたメンバーたちにも高齢化の波は訪れはじめており、今後どのようにして継続するのか、担い手を含め、取組みのあり方が問われている。

＊1　〈伊豆高原アートフェスティバル〉は2017年開催で終了し、今後は〈伊豆高原 五月祭〉として開催される予定である。

開催地　広島市五月が丘団地

開催規模(公開数)　38軒(2016年)

予算　約40万円

来訪者数　約1000人

開始年　2007年

2016年現在の回次　10回

運営組織　五月が丘まるごと展示会実行委員会

7 オープン台地 in OSAKA
——大阪市

空堀商店街で買い物を楽しみ、暮らしを疑似体験する「からほりごはん」

「都市居住」と上町台地

　上町台地は、大阪市の都心部に位置し、大阪城や難波宮、四天王寺等、歴史の古い地区である。大阪の都心6区の人口が増加に転じた1990年代中ごろから、幹線道路沿いや主要駅周辺等利便性の高いところに、マンション建設が盛んに行われている。

　新たに建ったマンション住民と既存のコミュニティの関係性をどのようにつくりあげていくのか、幹線道路沿いの商業や業務ビル等の跡地に、次々とマンションが建てられていくなかで、いかに都市居住の適地としていくのか、上町台地界隈は、大きな問題に直面していた。

　こうした動きを受けて、上町台地のうちJR大阪環状線の内側約900ヘクタールが大阪市によって都市居住のリーディングゾーン（マイルドHOPEゾーン）として位置付けられ、NPO等のまちづくり団体や社寺、経済団体、学校等、上町台地を舞台として活動する三十数団体を会員とする上町台地マイルドHOPEゾーン協議会が2006年6月に設立された（図7・1）。

2章　「暮らし」をひらく　129

この協議会は、「まちづくり提案事業助成」「イベント」「広報・情報発信」「調査・研究」等、ソフト施策を中心に実施した。しかし、上町台地は、歴史の色濃く残る界隈であるため、協議会によって企画されたイベントは大阪城と四天王寺に関するまちあるきや講演会等、歴史にフォーカスしたものが多く、参加者も中高年層に固定される傾向にあった。

ワーキンググループの発足

こうした状況を打破すべく、協議会のなかにワーキンググループがつくられた。

まず、もう少し若い人をターゲットとしたイベントが、点的に開催されるようになったのだが、上町台地は、昔からの長屋が残る空堀地区や、高級住宅地の天王寺区、大阪城近くの官庁街等、界隈ごとの特徴がある。そこで、「点」ではなく、上町台地全体を使えるような広域的なイベントの開催が検討された。ちょうどその頃、協議会の役員が書籍で〈オープンハウス・ロンドン〉(ロンドン、事例1)を知り、これを上町台地で実践することが提案された。

上町台地の地域資源を活用した新たな協議会事業「オープンハウスPJ(仮称)」の実現に向け、京都の〈楽町楽家〉や大阪東横堀川エリアの〈e-よこ逍遥〉(東横堀川の界隈で中小企業が自分たちのまちを紹介するイベント)の関係者に話を聞く等、ケーススタディや勉強会を重ねながら、イベントの構想がねられた。

第1回目のオープン台地(2011年1月29日(土)から30日(日))で総合プロデューサーをつとめたアサダワタル氏は、「上町台地を語る上でのテーマを、〈歴史〉的な文脈から、より日常に根ざした〈生活〉という文脈からシフトさせた機会でもあった」と振り返っている。

その頃、上町台地では長屋を再生した店舗や新たな居住スタイル等の動きも見られるようになっており、〈オー

図7・1　上町台地マイルドHOPEゾーン事業の区域
(出典：大阪市HP (www.city.osaka.lg.jp/toshiseibi/page/0000110798.html))

プン台地〉は、その歴史だけではなく、上町台地のリアルな「住む」「働く」を体験し、「楽しむ」ための企画だった。

具体的なプログラムは、実際に上町台地のさまざまなエリアで生活を営む20代後半から30代のディレクターたちが発案し、10本のツアー、四つのワークショップ、五つのサロン＆トーク、2回のライブ＆トークが開催された。

例えば、「上町台地コミュニティグリーンツアー」は、自宅の一部を開放してさまざまな人が緑と親しめる空間にしている「谷町空庭」のオーナーが企画したもので、「谷町空庭」と、大阪ガスが所有運営する実験集合住宅で約1000平方メートルの植栽が地上から屋上まで縦方向に積み重なる「NEXT21」、屋上緑化メーカー「東邦レオ」の自社ビルといった、三つの緑の空間を訪ねるものだった。普段はなかなか入ることのできない建物に入り、建物のオーナーやスタッフから植物の維持管理等について話を聞くことができた。

「上町台地シェアハウス探索ツアー」は、実際にシェアハウスとして住むことができる4物件を巡りながら、エリア内の商店街を探索したり、住民の方の話を聞くものだった。

サロン＆トークのプログラム「からほりごはん」は、住民が案内役となっ

図7・2　プログラム「上町台地から伝える」のまち歩きの様子

2章　「暮らし」をひらく　131

て空堀商店街をまわったあとに、空堀の主婦がつくった料理を参加者全員で食べることで、「住む」疑似体験をするものだった。

若手スタッフ中心の運営

第1回目の総合プロデューサーをつとめたアサダワタル氏の役割は、イベントの枠組みをつくることだった。2回目以降は、協議会のワーキングメンバーやオープン台地等の活動を通じて出会った若者たちがコアメンバーとなって運営を担うようになった。彼らは仕事をほかにもっていて、あくまでボランタリーに運営に携わっている。

上町台地で暮らす人々から「まちびらきプログラム」を公募する形がとられ(図7・2、図7・3)、プログラムの総数と企画者数は2014年(vol. 5)まで増加を続けた(表7・1)。

空堀地区のように、以前からまちづくり活動が盛んな地区では公募プログラムの応募はたくさん集まる。一方で、プログラムがほとんど提案されない界隈もあったが、コアメンバーが働きかけたことで、まちあるきのプログラムが企画・実施され、それをきっかけに日常的なまちづくり活動につながった事例もある。また、公募プログラムだけでは抜け落ちてしまいがちな、「台地」全体を俯瞰するプログラムも、コアメンバーが企画している。例えば2015年(vol. 6)は、台地のさまざまな建

図7・3　プログラム募集の案内（提供：上町台地マイルドHOPEゾーン協議会（＊1））

表7・1　過去のオープン台地の概要（出典：島（2015）などを参考に筆者作成）

回	テーマ	開催日	日数	プログラム数	予算	参加人数
1	上町台地の生活鑑賞ツアーコレクション	2011.1.29～30	2	20	130万円	600
2	上町台地のまちびらき	2012.2.3～5	3	30	150万円	1万8000＊
3	上町台地とここで暮らす人の魅力を感じるまちびらき	2013.1.26～2.17	23	40	170万円	2万5000＊
4	〃	2013.11.29～12.8	10	45	160万円	3万＊
5	〃	2014.11.28～12.7	10	47	140万円	9000
6	上町台地の日常をひらく	2015.11.27～12.6	10	41	140万円	

＊　別主体が主催する連携企画の参加者数（施設入場者数やイベント来場者等を含む）が含まれる

物の屋上からまちを眺めてみるツアーや、地下をめぐるツアー等が行われた。

6年目までの予算は約100万円〜150万円。コアメンバーはボランタリーで関わり、マイルドHOPEゾーン事業との関係で大阪市の職員が事務局をつとめていたため、人件費はかかっておらず、印刷・デザイン、ネット・広報、各プログラム企画者に渡す「プログラム製作費」等が主な支出だった。

また、パンフレットのデザインはコアメンバーとして運営に携わっていたデザイナーが担当していた（図7・4）。

より自立した運営を目指す

2016年3月に上町台地マイルドHOPEゾーン協議会が10年間の活動を終えて解散し、2016年4月からオープン台地実行委員会に引き継がれている。

2015年（vol. 6）までと同様、上町台地で暮らす人々からプログラムが公募され、2017年5月13日〜21日にかけてvol. 7が開催された。

協議会の活動として行われていたvol. 6までとは違い、大阪市の職員による事務局も、市の予算もないため、助成金なしで、自分たちのやりたいことをやれる範囲内で実施した。企画数も八つ（主催企画四つ、連携企画四つ）に絞り込まれた。

*1　2015年度で解散。オープン台地 in OSAKA はオープン台地実行委員会が引き続き開催している。

図7・4　「オープン台地」のパンフレット表紙（提供：上町台地マイルド HOPE ゾーン協議会（＊1））

参考文献
- 弘本由香里（2008）「大阪・上町台地界隈の都心居住プロジェクトをめぐって」『都市住宅学』60 号、pp.58-61
- 島瑞穂、日野泰雄（2015）「広域型地域協働まちづくりにおけるイベント運営の課題と改善策の検討」『日本都市計画学会関西支部研究発表会講演概要集』vol. 13, pp.77-80

開催地　大阪府大阪市

開催規模（公開数）　41プログラム（2015年）

予算　約140万円（2014年）

来訪者数　9000人（2014年）

開始年　2011年

2015年現在の回次　6回

運営組織　上町台地マイルドHOPEゾーン協議会（〜2015年）、オープン台地実行委員会（2016年〜）

2 章　「暮らし」をひらく　133

8 城下町村上 町屋の人形さま巡り/屏風まつり
——新潟県村上市

九重園茶舗の御座敷に飾られたお雛様と大名行列

　新潟県村上市では、春には〈城下町村上 町屋の人形さま巡り〉が、秋には〈城下町村上 町屋の屏風まつり〉が、城下町の旧町人町一帯で行われている。町屋に伝わる人形や屏風を、商家の店先や居間をギャラリーにして公開するイベントである。2000年3月に始まった人形さま巡りが成功をおさめ、その翌年から屏風まつりも開催された。

町屋に着目したまちづくりの始まり

　村上は新潟県下で最も古い城下町で、臥牛山(村上城)の山麓一帯に武家町・町人町・寺町がつくられ、建物と地割が現在に引き継がれてきた。そんな村上のまちで、1961年、都市計画道路が都市計画決定された。これは、城跡の西側に広がる古くからの中心市街地と村上駅を結ぶ東西の道路と、それにほぼ垂直の南北の道路からなる道路網を、道路の拡幅と新設によってつくりだす計画だった。中心部は、現行の6メートル道路を16メートルに拡幅する計画であり、これが実現すると、町人地に残されてきた町屋は取り壊しを余儀な

くされる。

　旧武家町では、若林邸の修理工事（1986年）をきっかけに、城下の町並みを生かしたまちづくりの機運が高まった一方で、旧町人地では、道路拡幅に合わせて中央商店街に新しく城下町風の町並みをつくる計画等がもち上がっていた。

　こうしたなか、塩引き鮭をつかった食品の老舗「味匠㐂っ川（現：千年鮭 きっかわ）」の15代目吉川真嗣氏が、1998年1月、東京の百貨店で開催された物産展で、福島の会津若松で和菓子店を営む五十嵐大祐氏と運命的な出会いを果たす。全国町並み保存連盟の会長という肩書をもつ五十嵐氏から「村上が素晴らしいのは城下町を構成する武家町と町人町の両方が残っているからだ。これは全国的にも珍しい。この一方の町人町を近代化するということは、町屋が壊され城下町としての価値を著しく失うことになる。また商店街にとっても道路を広げて栄えた町は全国どこにもない」という助言を受け、吉川氏は道路拡幅反対の署名運動を始めた。しかし、今まで商店街の活動に積極的ではなく、ほとんど汗もかいてこなかった当時34歳の若者が商店街の意向に反する活動を突然おこしても、商店街の人からはもちろん、市役所、商工会議所からも非難の目を向けられ、すぐに頓挫してしまった。だが、このとき、

吉川氏は、反対運動に心血を注いで古いまちを保存するのではなく、古いものを活かしてまちを元気にすることで、市民の意識を変え、まちの方向性を変えて行こうと決心した。

　吉川氏が着目したのは、道路拡幅によってまさに壊される危機に直面していた町屋だった。村上の町屋は、間口が狭く、奥行きが長い。入るとすぐに店があり、その奥に茶の間、居間、寝間、台所の順に部屋が配置されている。茶の間には必ず仏壇や神棚があり、それが置かれる方向も決まっている。南北の通りに面した町屋では、仏壇、神棚を北側に置き、南側に通り土間が通っている。また、東西の通りに面した町屋では、西側に仏壇、神棚を置き、東側に通り土間が通っている。

　道路拡幅問題に直面していた中央商店街沿いにある町屋で店を営んでいた吉川氏は、お客さんとの会話のなかで、入り口から裏まで続く「通り土間」、店の奥にある「茶の間」、そこには太い梁がかかり、仏壇や神棚、囲炉裏がある。そんな昔ながらの生活空間が残る町屋こそが、村上の財産だと気づく。

　1998年7月、吉川氏は、村上の鮭料理をはじめ、木彫り堆朱、北限の村上茶、地酒、和菓子等城下町らしい商品を扱う22店舗からなる村上町屋商人会を発足させ、加盟店を紹介するマップ「村上絵図」をつくった（図8・1）。この

2章　「暮らし」をひらく　135

マップ第1号は、1998年8月1日の新聞に折り込まれ、村上市を中心として、近隣の市町村も含む10万世帯に配布された。

商人会の活動内容は、町屋の店舗部分の奥にある生活空間を無料で公開することだった。

まちのなかを歩いてまわり、町屋の中で普通は見られない生活空間を見学し、家人との会話を楽しむ。この取組みは、徐々にテレビや新聞にも取り上げられ、それまでは旧町人町を訪れる観光客はほとんどいなかったが、このマップを手に歩く観光客の姿も徐々に見られるようになった。

城下町村上 町屋の人形さま巡り

村上町屋商人会の活動により、町屋への関心が高まり、住民の意識も変わってきたころで、吉川氏は、町屋にもっと光を当てる手段がないかと、次の手を考え始めていた。そして、福岡県吉井町(現うきは市)を訪問した際に知った、〈筑後吉井おひなさまめぐり〉からヒントを得て、2000年春に城下町村上町屋の人形さま巡りを始めた。店先ではなく生活空間である茶の間に人形を飾り、お客さんに町を歩いてめぐってもらうイベントである(図8・2)。

衰退が著しい中心市街地を活性化させるために、中央商店街を含み、町屋が多く残る旧町人町一帯で、大人が歩

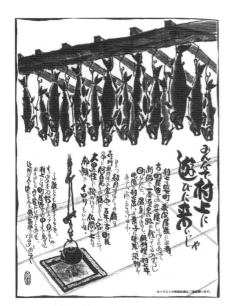 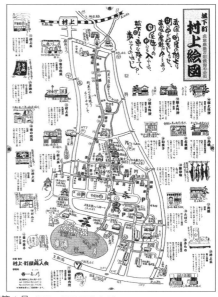

図8・1　新聞の折り込みチラシとして入れたマップ第1号　(提供：村上町屋商人会)

いて回遊できる範囲が、イベントのエリアとして設定された。その範囲内にある町屋を吉川氏が一軒一軒、説明して回って参加店を募った。

飾る人形は、古い雛人形に限らず、土人形やウズベキスタン人形、手づくり雛人形、昭和のレトロな人形等、町屋によってさまざまである。「お雛様はないけど、違う人形だったらある」という人を排除せず、むしろハードルを下げることで、一軒でも多くの町屋が参加できるようにしたのである（図8・3）。

第1回目は、3月1日から4月3日にかけて、34日間、60軒が参加し、それぞれの物語がつまったさまざまな人形が、3000体近く飾られた。

イベント開催のためのマップやポスターは、プロのデザイナーに頼むのではなく、自分たちで作成した（図8・4、図8・5）。村上の城下町の町並みをモチーフとした黒と白のシンプルなポスターは、商人会のメンバーである山上染物店の14代目が切り絵でつくり、マップは吉川氏自らが描いた（マップの制作は、現在は他の方が担当している）。

行政からの補助金はなく、資金はゼロからのスタートだったが、マスコミを活用しながら宣伝をし、できるだけ経費を抑えたイベント運営がなされた。

第1回目にかかった経費は、マップとポスターで30万円、雑費が5万円で合計35万円。翌年には、市役所から資金援助の申し出があったが、「最初のうちは有難いと思うが、3回、5回と続くともらうのが当たり前になって、今までお金の工面からみな工夫してやってきた商人会のメンバーの士気が低下するのではないか」との考えから辞退した。現在でも、開催にかかる基本経費35万円は、参加協力金や写真集の売り上げによって商人会で用意している。

図8・2　人形さま巡りの展示

図8・3　多種多様な「人形さま」

城下町村上 町屋の屏風まつり

　人形さま巡りは大成功をおさめ、第1回の開催期間中に3万人が訪れた。この活気を持続するために、秋にも核となる催しを開催しようと、翌2001年9月には〈町屋の屏風まつり〉が開催された。それぞれの町屋に、その家に伝わる屏風や道具類を飾って、お客さんに見て回ってもらうイベントである（図8・6）。

図8・4　「人形さま巡り」のマップ　（図8・4、図8・5共に提供：村上町屋商人会）

図8・5　「人形さま巡り」のポスター

毎年7月6日、7日に開催される村上大祭の日のしつらえとして、各家が店の間に屏風を立てたことから、かつて、村上大祭は別名「屏風まつり」と呼ばれていたが、時代の変化とともに屏風を立てる家が少なくなっていた。町屋の屏風まつりは、蔵の中に眠ったままになっていた多くの屏風に、再び光をあてる取組みでもあった。

図8・6　屏風まつりの様子

人形さまと屏風がもたらしたもの

2016年現在、町屋の人形さま巡りは、17回目、町屋の屏風まつりは16回目を迎え、約80軒の町屋等に、春は人形さま、秋は屏風が展示されている。

イベント開催期間中は、公開されている町屋の前には、マップ上の番号と建物の名称、展示の内容を掲げた立札が出される（図8・7）。

図8・7　建物前の立札

素敵なマップを片手に目的の町屋を探すもよし、立札を目印に町をそぞろ歩くもよし。町屋に入ると、家人が見物客に、飾られている人形さま、屏風だけではなく、村上のまち、お店や建物の歴史や特徴を熱く語ってくれる。

村上市が実施した目的別観光客数調査によれば、2015年には、人形さま巡りに10万5000人、屏風まつりに3万人の観光客が訪れており、年に2回、村上の城下町に大きなにぎわいをもたらしている（図8・8）。

図8・8　「人形さま巡り」時のにぎわい

2章　「暮らし」をひらく　139

人形さま巡りと屏風まつりがもたらしたものは観光入込客数やその経済効果だけではない。以前は、常に閑散としていたまち、地元住民は古くて不便だと思っていた住まいに、多くの観光客がやってきて、熱心に見学していく。住民らは普通すぎて忘れていた町屋の価値を再認識し、村上のまちをあらためて好きになる。

町屋に光があたることで芽生えた、人々のまちへの愛着や誇り。数字では測りきれない効果が、確かにある。

参考文献
・吉川美貴(2004)『町屋と人形さまの町おこし』学芸出版社
・吉川真嗣(2004)「今あるものを活かし 市民の心意気で拓く 町の活性化」『都市問題』東京市政調査会
・吉川真嗣(2007)「明日をかけた市民まちづくりの挑戦」『季刊まちづくり』学芸出版社
・新潟県村上市(2016)「村上市歴史的風致維持向上計画〜歴史・文化が感じられる町並みを未来へ〜」

開催地　新潟県村上市

開催規模(公開数)　人形さま巡り:77軒(2016年)、屏風まつり:79軒(2016年)

予算　人形さま巡りと屏風まつりに各35万円

来訪者数　人形さま巡り:10万5000人(2015年)屏風まつり:3万人(2015年)

開始年　人形さま巡り:2000年、屏風まつり:2001年

2016年現在の回次　人形さま巡り:17回、屏風まつり:16回

運営組織　村上町屋商人会

3章 「庭」をひらく

　まちには建物だけでなく花や緑も存在する。花と緑があることで日常生活に潤いがもたらさせるだけでなく、これらを介して人々の会話や交流も生まれる。里山や農地、庭、街角のポケットパーク等、多種多様な緑のスポットは、住民にとって大切な存在である。

　市民が道路や公園等公共の場所にある花壇を、わが子を世話するように大切に手入れするアダプトプログラム。手入れが十分にされず荒廃してしまう里山を、守り育てる、里山ボランティア。まちなかの緑を維持していくために、さまざまな活動が行われている。

　しかし、個人邸宅の庭や、民間林等、プライベートな空間であればあるほど、その重要性は等閑視されがちだ。

　普段は入りづらい個人の庭や、里山を開いて、まちと緑の所有者と、来訪者の新しい関係をうみだす取組みが、各地で見られる。

9　おぶせオープンガーデン（長野県小布施町）

10　カシニワ（千葉県柏市）

11　オープンフォレストin松戸（千葉県松戸市）

小布施の中心街、栗の小径と幟の広場の間にありながら静けさを楽しめる市村邸のオープンガーデン

9 おぶせオープンガーデン
——長野県小布施町

小布施町では、約130軒の住宅や店舗、公共施設の庭園が所有者の善意によってまちに開かれている。〈おぶせオープンガーデン〉では、これらの庭を誰もが通り抜けたり、鑑賞することができる。

「外はみんなのもの、内は自分たちのもの」

小布施町は人口1万700人の小さな町で、その面積は19.1平方キロメートル。長野県内の77市町村のうち最小で、半径2キロほどの円のなかにすべての集落が入る。町内には大型宿泊施設がないため、小布施を訪れる観光客の多くは、湯田中温泉や長野市、渋温泉等、町外に宿泊し、日帰りで数時間滞在している。そんな小布施のまちで、多くの人々が散策を楽しむ場所として、北斎館とその周辺の修景地区がある。

小布施は、幕末に葛飾北斎が滞在したまちである。その肉筆画や祭り屋台の天井画を収蔵展示する「北斎館」が1976年にオープンした。この施設はそもそも、絵の修復と保存を目的として

おり、観光客誘致を主目的としたものではなかったが、オープン当初、畑のなかにぽつりと建っている様子を、マスコミが注目して「田んぼの中の美術館」と書き立てたことで、一躍有名になった。

1982年には、北斎を厚遇した高井鴻山の書斎「翛然楼(ゆうぜんろう)」を町が買い取り、記念館とする構想がもち上がった。この構想をきっかけに、記念館周辺の土地の地権者や住民、店子、行政等関係者が集まって話しあいを重ね、建築家の宮本忠長がコーディネーターとなり、1982年から1987年にかけて「翛然楼周辺町並修景事業」が行われた。この修景事業の合言葉は、「外はみんなのもの、内は自分たちのもの」。住民にとって心地よい空間をつくるために、すべてを保存するのではなく、必要があれば建て替えもする。「内」と「外」のつながりを意識しながら、「外」も整備していく。官が民に強制するのではなく住民が自発的に取組む。

こうして、北斎館と高井鴻山記念館を結ぶ「栗の小径」、記念館・小布施堂・信金の駐車場であると同時に広場にもなる「幟の広場」や国道沿いの歩道が、一体感のある空間として立ち上がった。

この空間のもう一つの特徴は、敷地のなかにありながら住宅の外にある庭を誰もが通り抜けできることで、「内」と「外」の境界が混ざり合っていることである(図9・1)。

これは、回覧板を回すとき等に「お庭ごめん!」と言いながら人の家の庭を通り抜けていた、昔から小布施の習慣に由来するもののようだ。こうした通り抜け可能な庭・小径は、修景地区だけでなく、その周辺地区でも見られる。

きっかけとなった花のまちづくり

小布施のまちを歩いていると、いたるところが花で彩られていることに気付く。小布施駅を出て、右手の図書館と町役場の間から栗が丘小学校の校庭に入れば小学生の手入れする花壇が広がる。街路にはさまざまな住民有志グループや町内の造園業者、町職員、自治会等が手入れする花壇がある。これは、1980年頃から始まった花のまちづ

図9・1 市村邸の門をくぐり庭を通り抜けると北斎館方面に抜けられる

くりを、住民が受けとめ、育んだ結果である。

1989年から1997年には、「ふるさと創生事業」の1億円をハコモノではなく「人」に投資し、毎年15人ほどの町民を募り、ヨーロッパやカナダ等を訪れ、花のまちづくりを通じた豊かな生活を視察した。この視察の参加者たちは、自分の家の庭づくりや、一緒に行った仲間同士で沿道花壇の手入れをはじめ、花づくりの先導役として活躍している。

1992年にオープンした「フローラルガーデンおぶせ」は、観光用の集客施設ではなく、花のまちづくりに日常的に取り組んでいる小布施町民が、さまざまな花の栽培方法、品種、つくりかたを知ることができる花の情報発信基地である。1996年には、花苗生産供給施設「おぶせフラワーセンター」がオープンした。フラワーセンターで育てた小さな苗を、農家が町内の花壇にも植えるポット苗に育てることで産業育成につながっている。

オープンガーデンの仕組み

こうして花のまちづくりが進んだ2000年、おぶせオープンガーデンが始まった。オープンガーデンは庭の所有者が、丹精込めてつくってきた「庭」という家の「外」の空間を、来訪者に無料で見てもらう取組みである。

小布施町から庭の所有者に対する苗代等の補助は一切なく、所有者が自らの意思で公開している。

町は、公開庭園を掲載した「オープンガーデンブック」と、公開庭園に掲示する看板類を用意する。ブック作成費に80万円、看板等に5万4000円かか

図9・2　オープンガーデンブック　表紙（左）とオーナー紹介ページ（右）（提供：小布施町産業振興課）

図9・3　参加庭に掲げられる看板

っている。オープンガーデンブックは町営美術館や駅案内所、町役場等で1冊100円で販売されている（図9・2）。

オープンガーデンに参加している庭には、「Welcome to my Garden」という看板が掲げられている（図9・3）。

公開する範囲や期間は、所有者が自分で決めることができる。オープンガーデンブックには、オーナーの氏名、鑑賞期間と見頃、お庭の花木等の情報が掲載されていて、鑑賞期間については「通年」や「春～秋」と記載されている場所が多い。しかし、家庭の事情で入れない日もあり、そんな時は「おそれいります 本日はご遠慮ください」という看板が掲げられる。

庭のなかには、「これより先は ご遠慮ください」という案内板を掲示もあり、オーナーは、肩ひじ張らずに、日常的にできる範囲内で庭をオープンにしている（図9・4）。

当初は38軒でスタート。娘が年頃になってきたので洗濯物を干しているところをみられたくない、引っ越した、体調が悪い等の理由でやめてしまった庭もあるが、2015年には127軒になっている（図9・5）。

図9・4 「これより先はご遠慮ください」の看板

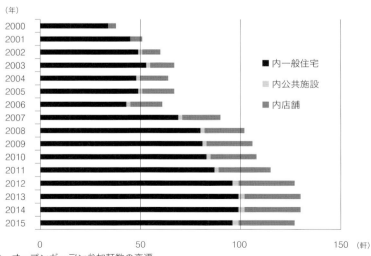

図9・5 オープンガーデン参加軒数の変遷

3章 「庭」をひらく　145

出会いと交流の場、オープンガーデン

オープンガーデンの開園をつたえる「町報おぶせ」には『いろいろな出会いと交流を求めてオープンガーデン開園』と書かれている。

この言葉から分かるように、庭のオーナーが、より多くの人と交流しながら、庭をさらに楽しみ、自分たちの生活をさらに豊かにすることが目的である。決して、観光客を呼ぶための取組みではない。

そのため、庭の種類も、他地域のオープンガーデンで見られるような大規模なものではない。なかには、玄関にプランターを30個、40個並べた御宅や、外から鑑賞するタイプの庭、前述のように「お庭ごめん！」と通り抜けられる庭もある（図9・6、図9・7、図9・8）。

「訪れてくださる方々との触れ合いもありがたいことです。」

「来訪者でにぎわう小布施の中心街という場所柄もあって、以前から庭を見に入って来られる方が多く、庭に面した居間から窓ごしに交わすあいさつを楽しむ毎日です。」

「オープンガーデンでわが家を訪れてくださる方々との交流は、家族にとって大変よい刺激になります。」

「『きれいね』と声をかけられるとお爺さんがんばります。」

図9・6　北斎館駐車場近くの街路を彩る小さなオープンガーデン

「庭にいるのを見かけたら、気軽に声をかけてください。」

オープンガーデンブックに添えられているオーナーのメッセージからは、花を通じて、観光客や道行く人々との交流を楽しみ、生きがいにしている姿が見て取れる。

観光客は、軒先や縁側で住民と交流しながら、路地や庭を歩いて、生活の一部にふれながら小布施のまちを楽しむことができる。北斎館や高井鴻山記念館、和菓子店等の「点」を、自分だけの「線」で結び、小布施を立体的に体感し、特別な思い出をもち帰る。これは、修景事業を通じて出来上がった外部空間、「外はみんなのもの」という住民のマインド、花のまちづくりが、一つに重なりあったことで可能になっている。

参考文献
・川向正人(2010)『小布施まちづくりの奇跡』新潮新書
・市村次夫 (2011)「産地から王国へ」西村幸夫『証言・まちづくり』学芸出版社
・小布施町『おぶせオープンガーデン資料』
・小布施町『町報おぶせ』2000年6月10日号

開催地　長野県小布施町

開催規模(公開数)　120件(2017年)

予算　80万円

来訪者数　不明

開始年　2000年

2017年現在の回次　通年

運営組織　小布施町

図9・7　オープンガーデンになっている樋田邸の庭は奥の珈琲屋さんへの近道

図9・8　桜井甘精堂のオープンガーデンは隣の「やましち山野草店」の坪庭を通って国道403号線や中町小径へとつながる

3章　「庭」をひらく　147

NPOと地域の小学生が一緒に整備を進めているコミュニティガーデン(ふうせん広場)(撮影:NPO法人 balloon)

10 カシニワ
──千葉県柏市

　カシニワ制度とは、柏市で実施されている(主に私的な)オープンスペースの公開・活用・管理に関する仕組みのことである。柏市内の市民団体等が手入れしながら主体的に利活用している「オープンスペース」(樹林地や空地等)や、一般公開可能な個人宅の庭を、「カシニワ=かしわの庭・地域の庭」と位置付け、カシニワへの関わりを通じた、みどりの保全・創出、人々の交流の増進、地域の魅力アップを目的として実施されている(図10・1)。

図10・1　カシニワのプロット図
カシニワは、オープンガーデン、地域の庭、里山などがある。毎年カシニワフェスタでは、それぞれのガーデンが公開される。(出典:柏市HP)

148　Ⅱ部 事例編 各地のオープンシティ・プログラム

都心郊外部における空間管理の課題

　東京都心部から約30キロ圏である柏市は、農村と都市の佇まいが重なり合う郊外住宅地エリアである。高度成長期に行われたスプロール型開発により、宅地と農地や樹林地が混ざりあう風景が見られるものの、子どもの遊び場や交流の核になるような公園等は不足しており、地域コミュニティを育む都市空間の創出が望まれていた。一方、市域の約半分は、樹林地や田畑、水辺空間となっており、これらが地域特有の谷戸風景を織りなしている。

　しかしながら、少子高齢化社会を迎えた現在では、こうした風景の源である樹林地や民地の屋敷林、あるいは農地等が、高齢化や担い手不足によって管理が行き届かなくなる例、手放される例も増えてきている。こうした管理不足は、犯罪の発生、環境や災害安全性にも影響をもたらすものであり、社会課題となりつつある。また、樹林地や農地のみならず、樹林地を開発して生まれた住宅地でさえも、空き家・空き地が目立つようにもなってきた。

　こうした状況のなかで、不足する地域のつながりを補うためにも、空き地や樹林地を舞台にして、管理や交流活動をしたいというニーズが増えてきており、「使えない人」と「使いたい人」をマッチングする方法論が求められてきた。

カシニワが生まれるまで

　カシニワ制度は、2006年から年1回の頻度で開催されていた「里山ボランティア入門講座」に端を発している。里山保全に関わりたい人を公募し、4日間程度の講習（草刈りやチェーンソーの使い方等）を行い、その中で、継続的なボランティア活動を希望する受講者を集めて団体を設立し、活動地を探す。活動地が決まると、市のサポートの下に土地所有者に声をかけ、里山活動協定を締結し、両者合意の元に里山管理を行う、というものである。

　しかしながら、事業の継続性の面で、行政の担当者の交代、新規入会者の安定的確保、その都度活動地を探し合意を採ることの難しさ等、マッチングシステムや情報ストックの必要性が課題となっていた。また、2009年に策定された「柏市緑の基本計画」においても、「未利用地を活用したコミュニティガーデンづくり」が最重要施策に位置づけられ、里山のみならず、都市部の庭や空き地等も含めて、包括的なシステム設計が求められた。そこで、2009年11月には、市庁内にプロジェクトチームが結成され、横断的な各課協議も経て、新たな仕組みづくりが進められた。

カシニワの仕組み

　カシニワ制度は、（1）みどりの保全

3章　「庭」をひらく　**149**

や創出のために、土地を貸したい土地所有者、使いたい市民団体等、支援したい人の情報を集約し、市が仲介を行う「カシニワ情報バンク」と、(2)一般公開可能な個人の庭、地域の庭を市に登録する「カシニワ公開」という二つの仕組みを柱としており、いずれも、市のホームページ等で情報閲覧が可能となっている(図10・2)。

「カシニワ情報バンク」とは、貸したい土地、空き地の利活用がしたい市民団体等の組織、そして、支援したい人の情報等を申請・登録し、市による審査を経て、登録内容の一部をホームページで公開する仕組みのことである。これを通じて、土地所有者と活動団体等とのマッチングを図り、もし交渉が成立すれば、空地等を賃貸借するための協定等の所定の手続きを行ない、使用期間や使用方法等、土地の利活用に

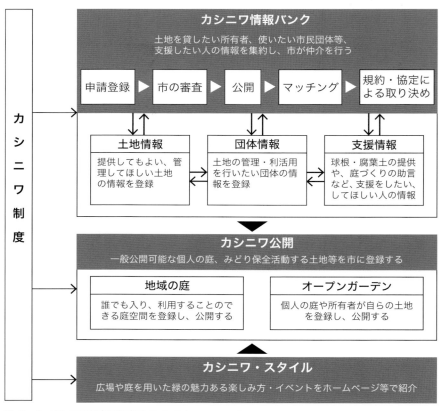

図10・2　カシニワ制度の構造図（出典：柏市HPをもとに筆者が作成）

関わる取り決めを定める。空いている土地を対象に、使いたい人の責任のもとに、自由な取組みを行なえる場として、公園に代わる新しい共有空間(コモンスペース)を、地域の中に挿入していくことをねらいの一つとしている。また、運用としても、「カシニワ情報バンク利用・運用規約」を定め、対象者と手続きの明確化を行っている。

「カシニワ公開」は、一般公開可能な個人邸宅の庭、あるいは、市民団体等がみどりの保全や創出のために利用されている土地を登録し、(1)個人・企業等が所有する私的な庭を公開する「オープンガーデン」や、(2)誰でも利用(鑑賞)可能な広場・花壇・樹林地等で交流を深めるように開く「地域の庭」(コミュニティガーデン)としてホームページ等で紹介して、希望に応じて登録された土地を利活用してもらう仕組みであり、見学や利用を通して楽しみながら利用者同士の交流を深め、みどりとのかかわりの中で地域力向上を図っている。

2014年度からは、「カシニワ・スタイル」という形で、庭や広場等緑の空間で楽しむイベントをホームページで紹介している。これは、広場や庭を用いた緑の楽しみ方についての情報を募り、魅力ある使い方、イベントについてホームページ等で紹介しているものである。単に、緑を見て楽しむだけでなく、そこで地域住民や利用者が集うためのきっかけをつくり、楽しんで空間を利活用してもらうことを目的としている。

また、こうした活動をさらに高めていくため、一般財団法人柏市みどりの基金による「カシニワ制度助成金」が用意されている。これは、柏市内で市民団体等や市民が自主的に緑を介したまちづくり活動としてカシニワ活動を行う場合に助成する制度である。主な財源を市民・企業等からの寄付金、(一財)民間都市開発推進機構からの拠出金等としており((財)柏市みどりの基金より交付)、カシニワにおける活動助成、オープンガーデン公開における緑化助成や、地域の庭における基盤整備助成が用意されている。

広がるカシニワの試み

カシニワ制度における登録件数を見てみると、2015年度現在、カシニワ公開のオープンガーデン64カ所、地域の庭24カ所、カシニワ情報バンクにおける土地情報67件(協定締結37件:2014年度)、組織情報42件(協定締結26件:2014年度)、支援情報21件となっており、土地所有者と市民団体等が使用について合意した例も増えている

カシニワの実例としては、例えば、NPO法人balloonが地権者より無償で借りて、地域の子どもたちとの活動拠

3章 「庭」をひらく　151

点として利用する「ふうせん広場」があり、そこでは2週に一度の草刈りと、月に一度のバーベキュー等の活動が行われている。また、同じ地権者の別の空き地では、福祉施設管理運営団体（NPO法人カモミール）が借り、「園芸福祉」という形で、障がいのある施設利用者によって「ハーブガーデン」を管理している（図10・3）。

カシニワ第一号では、地域が公園化を望んでいた市有の資材置場を、町会が借り受けて、地域によって草刈りや芝の管理、「ちょい農」等が行われているほか、近年では、カシニワにコンテナを設置して、屋内活動も合わせて行う実験が実施され、その後、常設化に至っている（図10・4）。また、柏市コミュニティ植物医師の会による、無農薬

図10・3　園芸福祉を試みるハーブガーデン

図10・4　町会を中心にコンテナを設置して空地を使う

図10・5　柏市コミュニティ植物医師の会により、植物医師の知識を学びつつ農園づくりを行っている事例（南柏ペレニアルガーデン PALETTE）

152　II部　事例編　各地のオープンシティ・プログラム

農園等で生まれる農業への虫害等に対して、市民が植物医師の知識を学びながら、農園づくりを行っていく形でカシニワ制度を利用している事例や（南柏ペレニアルガーデンPALETTE）（図10・5）、牧場跡地から転用された公園やオープンガーデンに登録されたカフェに隣接する市有地用いた広場（サスティナ実験広場）等もある（図10・6）。

カシニワ・フェスタ

さらに、2013年より、毎年一回、「カシニワ・フェスタ」として、個性豊かなカシニワ登録地を数日期間限定（主に5月頃）で一斉公開しており、カシニワに登録した約70箇所以上の敷地が公開されている。当日は、ガーデンのオーナー、ボランティア団体、町会の方々等による、季節のお花を使った寄せ植え教室、ガーデンの案内、フリーマーケット、竹細工づくり等、カシニワを用いたさまざまな催しが実施されている。イベント全体はカシニワ・フェスタ実行委員会、一般財団法人柏市みどりの基金、柏市の共催で運営されており、2016年に行われたフェスタでは、1万4626人の来場者が訪れている。

このように、「庭」をひらくことで、住まい（生活）とまちとの関わり合いが生まれており、郊外住宅地の新しい姿を見つけ出すための試みとして、興味深い取組みである。

開催地　柏市全般の樹林地・農地・庭・空き地等
開催規模（公開数）　75箇所（2016年、カシニワ・フェスタ）
予算　不明
来訪者数　1万4626人（2016年、カシニワ・フェスタ）
開始年　2010年（カシニワ制度）、2013年（カシニワ・フェスタ）
2016年現在の回次　4回（カシニワ・フェスタ）
運営組織　柏市公園緑政課、カシニワ・フェスタ2016実行委員会（カシニワ・フェスタ、2016年）

図10・6　牧場跡地を活用した公園や隣接する市有地を用いた広場（サスティナ実験広場）

11　オープンフォレスト in 松戸
──千葉県松戸市

公開される樹林では、保全活動に従事するボランティア団体がさまざまなアクティビティを提供する

千葉県松戸市の「オープンフォレスト」は、全国各地で実施されている「オープンガーデン」になぞらえて考え出されたものである（松戸市HP）。松戸市の樹林地のなかでも、特に、個人所有の民有林を対象とした保全に携わるボランティア団体の日常的な活動を披露する場となっている。

里山保全のボランティア活動を披露する機会

このイベントの内容を説明する前に、まず松戸市における里山保全活動について、触れておかなければならない。

図11・1　「松戸里やま応援団」のボランティアによる説明

市では、樹林地の減少に歯止めをかけるため、2003年度に「里やまボランティア入門講座」を開講し、修了者が毎年度それぞれボランティア団体を立ち上げ、ネットワークとしての松戸里やま応援団を結成している（2016年時点で11団体）。

各団体は民有林の所有者とのマッチングを行い、保全活動を行っている。それぞれ活動日を決めて、下草刈り、不法投棄のゴミの片付け、斜面への植林、あるいはイベントの開催等多岐にわたる活動に取組んでいる。松戸里やま応援団以外の団体が管理しているも

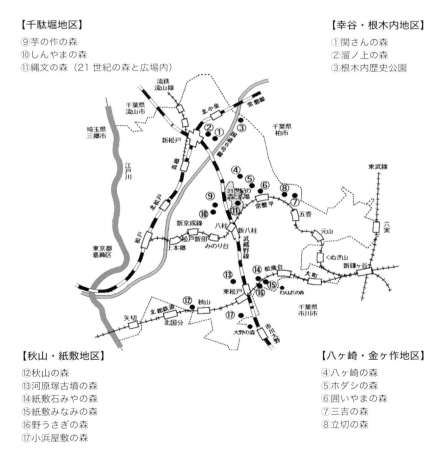

【千駄堀地区】
⑨芋の作の森
⑩しんやまの森
⑪縄文の森（21世紀の森と広場内）

【幸谷・根木内地区】
①関さんの森
②溜ノ上の森
③根木内歴史公園

【秋山・紙敷地区】
⑫秋山の森
⑬河原塚古墳の森
⑭紙敷石みやの森
⑮紙敷みなみの森
⑯野うさぎの森
⑰小浜屋敷の森

【八ヶ崎・金ヶ作地区】
④八ヶ崎の森
⑤ホダシの森
⑥囲いやまの森
⑦三吉の森
⑧立切の森

図11・2　公開される森の位置図（原図を元に筆者加筆、原図出典：オープンフォレスト in 松戸 HP）

3章　「庭」をひらく　155

のも含めると、活動対象の里山(民有林・公園)は17ヶ所にのぼる(2016年3月現在)。

このような市民による日常的な樹林地保全のボランティア活動を披露する機会、あるいは市民に残された貴重な樹林を知ってもらう機会として始められたのが〈オープンフォレストin松戸〉である。(図11・1)

里山やその保全活動を知るための多様なプログラム

簡単にイベントの歴史を振り返ってみたい。最初は、里やま応援団の活動回数が1000回になるのを記念して、2010年ごろから企画が始められた。しかし、東日本大震災発生のため予定を1年延期し、2012年5月12日〜20日の日程で第1回が開催された。以降、毎年順調に回を重ね、2017年5月に第6回を迎えている。一般参加者の人数は、毎回延べ人数で2000〜3000人で推移している(主催者アンケートの結果によれば、約半数は30〜40代という比較的若年層の人気を集めている)。

主催は、応援団の各団体ほか里山保全に関わる組織から構成されるオープンフォレストin松戸実行委員会(委員長は千葉大学柳井重人教授)と松戸市との共催となっており、企画・運営体制に関しては、実行委員会(市民)主導で行われ、事務局もボランティアの市民が担っている。

開催エリアは、市内全域に広がっているが、第5回(2016年)時では、市を南北に貫くJR武蔵野線沿線を中心に、幸谷・根木内、八ヶ崎・金ヶ作、千駄堀、秋山・紙敷の4地区に分けられている(図11・2)。各地区内は徒歩で回れる範

図11・3 のぼり旗が掲げられた公開林の入口

図11・4 森の文化祭での展示の様子 (提供:松戸市みどりと花の課)

156　II部 事例編 各地のオープンシティ・プログラム

囲内に、数カ所の公開対象の樹林地が配置されている。

主なイベント内容は、①森の公開、②森めぐりツアー、③森の文化祭からなる。森の公開は、第1回時点で11ヶ所であったが、第2回以降12ヶ所、15ヶ所、16ヶ所、最新の第5回では17ヶ所（15ヶ所は民有林、2ヶ所は公園）にまで増えている。各森の入口付近の目立つところには、「オープンフォレスト」と描かれたのぼり旗もしくは横断幕が掲げられ、ひと目で公開対象の森であることが分かる（図11・3）。

ガイドブックには、「森でできるこ

表11・1　森の公開日（出典：オープンフォレスト in 松戸 HP）
◎は公開日で公開時間：10時〜15時　☆は公開日で公開時間：10時〜13時　○は自由に散策できますが案内人はいません。

名称		14	15	16	17	18	19	20	21	22	23	森でできること（荒天の場合は中止）
幸谷・根木内	①関さんの森	○	◎	◎	○			○	○	○	◎	◎は関さんの自宅の庭、蔵、門や熊野権現のガイドも
	②溜ノ上の森	○	○	○	○			☆/◎			◎	◎は森のブランコ、ハンモック、自然案内なども
	③根木内歴史公園	○	○	○	○			☆/◎			◎	◎は15日（午前中）：田植え体験とお餅つき体験を計画、20日：公園の保全作業
八ヶ崎・金ヶ作	④八ヶ崎の森		◎						○			森の散策、ハンモック、ロープ遊び、竹ぽっくり作り
	⑤ホダシの森	◎							○			スタードームと素人紙芝居、ハンモックでの〜んびりと森で癒しの一時を、竹ぽっくり作りも！
	⑥囲いやまの森		◎		☆/◎				○			ウグイス鳴く広い森で、ゆったり。ロープで木登りや綱渡り、ミニ木こり体験など
	⑦三吉の森		◎	◎					○	○	○	自然観察（竹林や6本の松戸市指定巨木めぐりを中心に、下草、昆虫、小鳥の観察）、ハンモックで森林浴、竹細工体験、竹馬遊びほか。
	⑧立切の森		◎	◎					○	○	○	立切りの森には「三吉の森」で受付後、希望者をご案内
千駄堀	⑨芋の作の森		◎									森の自然観察、森の中や周辺の森をご案内、樹木解説
	⑩しんやまの森		◎									森やその周辺のご案内、自然観察、樹木解説、ハンモック体験
	⑪縄文の森	◎	◎	○	○				○	○	○	◎は、ハンモック、輪投げ、松ぼっくり輪投げ、竹馬など
秋山・高塚新田・紙敷	⑫秋山の森		◎			☆/◎			○			竹林の散策、癒し体験、ハンモック、ターザンあそびなど
	⑬河原塚古墳の森	○	◎	◎	◎	◎			○			古墳群（5ヶ所）のご案内と説明（11時、14時）、グランドゴルフなど指導員がついて実技講習
	⑭紙敷石みやの森			◎	○							森の自然観察、森の散策、癒し体験ほか
	⑮紙敷みなみの森			◎								森の自然観察、森の散策ほか
	⑯野うさぎの森			◎								森の自然観察、森の散策ほか
	⑰小浜屋敷の森			◎					○			森の自然観察、グリーンアドベンチャー、ハンモック、竹ぽっくり遊びなど
森の文化祭 パークセンター		5月6日（金）13時〜15時　5月7日（土）・8日（日）10時〜15時										21世紀の森と広場パークセンターにて、里やまボランティア団体などの活動紹介、森の工作・写真展示や、あそべるおもちゃも。8日（日）13時からは草笛音楽隊の演奏と竹クラフト！

3章　「庭」をひらく　157

と」が明記され、散策や自然観察だけ
でなく、ハンモック体験、遊び等、さ
まざまなアクティビティが用意されて
いる。来訪者はそれに合わせて訪問先
を決めることもできる。それぞれの森
は、毎日公開されるもの(17ヶ所中5ヶ
所)から、週末に限って公開されるも
のまでさまざまである(表11・1)。

　期間中に数回実施されるツアーでは、
駅を出発し森へ案内するものから、複
数の森を訪れるもの、自然観察や再発
見等テーマをもたせたツアーもある。
拠点的施設である21世紀の森と広場パ
ークセンターでは「森の文化祭」が実施
され、パネル展示、写真、絵画、生花
の展示等が行われている(図11・4)。

　報告書でアンケート結果を見ると、
「松戸の里山の存在を知った」、もしく
は「ボランティアの活動を知った」とい
う回答が多く、貴重な資源としての樹
林地の存在とその保全活動を周知する
機会となっていることが伺える。

開催地　千葉県松戸市

開催規模(公開数)　17ヶ所(15ヶ所民有林 2ヶ所
公園)(2016年)

予算　65万8000円(2016年)

来訪者数　2020人(一般参加者延べ人数)

開始年　2012年

2016年現在の回次　5回

運営組織　オープンフォレストin松戸実行委員会

4章 「なりわい」をひらく

　かつては、武士も農民も町人も職人も、なりわいのある場所に暮らしており、「なりわい」と「暮らし」は隣合わせだったが、近代以降、産業と生活との距離が離れてしまった。一方で、トレーサビリティの求められる現代では、大人の社会科見学、工場萌え等、「現場」を見たいというニーズが高まっている。

　こうした状況の中、近年、まち全体で生産現場や空間を見学することができる「オープンファクトリー」という取組みがある。ここでとりあげる〈おおたオープンファクトリー〉(事例12)、〈モノマチ〉(事例13)、〈燕三条 工場の祭典〉(事例14)のほか、〈スミファ〉(墨田区)、〈関の工場参観日〉(岐阜県関市)等、全国各地に広がっている。また、花卉産業をアピールする〈花の超祭典〉(事例15)等、さまざまな産業の存在を知らしめるイベントも生まれている。これらを通して、なりわい(産業)と暮らし(生活)の関係を見つめ直し、「なりわい」のなかに眠る大切な技術や文化、豊かな価値の「見える化」について考えてみる。

12　**おおたオープンファクトリー**(東京都大田区)

13　**モノマチ**(東京都台東区)

14　**燕三条 工場の祭典**(新潟県燕市、三条市)

15　**ワールドポートデイズ**(ロッテルダム)

16　**花の超祭典**(愛知県田原市)

扉写真（提供：一般社団法人大田観光協会）

12　おおたオープンファクトリー
——東京都大田区

工場公開（溶接）の様子。普段立ち入ることのできないモノづくりの現場を職人自らの説明を介して、垣間見ることができる（提供：一般社団法人大田観光協会）

　オープンファクトリーとは、地域に集積する多くの町工場等を、期間限定で一斉に無料同時公開する取組みである。何十もの町工場を歩いて（あるいは交通手段を用いて）巡り、モノづくりの技術や職人と出会い、商店街や地域を散策しながら、「モノづくりのまち」を見学・体感できる。大田区では、2012年2月に〈おおたオープンファクトリー〉として初回が始まり、以降、年に一度、計6回開催されている。

「モノづくりのまち」の現在

　大田区は、東京23区の中でも最も工場数の多い、いわば、「モノづくりのまち」であるが、産業構造の変革の波は大田にも漏れなく訪れ、工場数は最盛期の半分以下、従業員は最盛期の1／5近くと、大きく変化している。しかしながら、未だに世界で活躍する町工場や技術、優秀な職人たち、つまり、モノづくりの「知」（ナレッジ）は健在で、資産を次世代につないでいく必要がある。ただし、担い手不足は顕著であり、次世代への継承が急がれる。また、産

業構造の変化を乗り越えるためにも、クリエイティブな分野と結びつき、製品の新たな販路、革新的な技術や産業分野、そして、モノづくりの新たな価値の創出も求められている。

一方で、大田区は羽田空港や品川も近く、そのアクセスのよさから、住宅地としても人気があり、人口自体は今でも増加している。しかしながら、町工場が閉鎖すると、そこに現れるのは、元の敷地を複数の宅地に割って建てられる「ミニ戸建て住宅」であり、特徴を失ったまちは、必ずしも価値の高いまちになるとは限らない。また、以前から長くこの地を悩ませていたのが、「住」と「工」の混在問題で、臨海部の埋立地（工業島）も、特徴的な工場集合体である「工場アパート」も、いわゆる「住工混在」解消のために誕生したものである。さらには、こうした住工の軋轢に配慮して、町工場の多くは、扉やシャッターを閉めて操業しており、その結果、むしろ地域住民には、中で何をしているのか、あるいは工場の存在すら意識できず、両者の距離は大きく広がった状況にある。

しかも、一つひとつの工場は、そのほとんどが5人以下で操業しており、大工場のような十分な広さや設備を有しておらず、営業力も不足している。そこで、小工場やスタジオ同士が連携して、一つの価値を生み出す（エリアブランディング）の手法として、まちぐるみでのモノづくりの応援体制が必要であり、これがさまざまな課題解決の糸口になると考えられた。そんなな

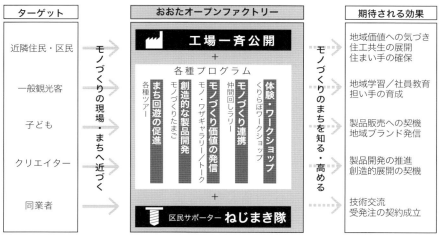

図12・1　おおたオープンファクトリーの対象・内容・効果フローチャート
モノづくりに関わる多様な主体を対象としたプログラムを用意して、様々な効果を相乗的に狙っている。

4章　「なりわい」をひらく　161

かで、町工場を一斉公開して、その価値を発信する「オープンファクトリー」が、多様な主体のモノづくりへの近接機会を提供できる方法として最も適切なのではないかと考えられた。例えば、地域住民が、近くの工場の様子を見て、その価値を知ることで、「住工」の日常的な軋轢解消の一助となるかもしれない。また、クリエイターやデザイナーとの交流が、新たな製品開発のアイデアをもたらしてくれるかもしれない。同業者・関係者が工場と接触することで、新たな受発注契約を生むかもしれない。モノづくりファンの存在が、間接的な応援団を生み出すかもしれない。あるいは、大企業相手に受発注しているために、普段他人と話すことのない寡黙な職人たちが、消費者と触れ合うことで、モノづくりの価値を再認識する、社員教育の場になるかもしれない、等の期待が寄せられた（図12・1）。

これまで、大田区では、毎年企業に技術・製品の見本市や商談の機会を提供する「おおた工業フェア」を、大きなコンベンションホール（大田区産業プラザ）で開催してきたが、むしろモノづくりの現場で開催し、かつ対象も一般の人にも広げるべきではないかという声も聞かれていた。オープンファクトリーは、こうした数々のニーズを踏まえて企画されたイベントである。

エリア選定と企画運営体制

この企画は、当初、横浜国立大学と首都大学東京、大田観光協会等で構成される「大田クリエイティブタウン研究会」（2009年〜）で立案され、中小工場の集積度合いの高い「下丸子・武蔵新田駅周辺エリア」を対象として始められた。この地域には、工和会協同組合（以下、工和会）という、近隣エリア（大田区矢口・下丸子・千鳥・鵜の木等）に立地する企業を中心に約120社が加入する、企業間協働・連携を行う地縁的工業団体が存在している。また、この地は、大正末から昭和初期にかけて、いち早く工業都市形成のための都市基盤整備（耕地整理事業）が実施され、クリーニング業で有名な白洋舎を始め気鋭の工場が立地しており、戦後も、多摩川沿いの大工場と下請け中小工場の集積地として大いに発展した。近年は、多摩川沿いの大工場は転出し（マンションとなり）、主に町工場が残るエリアとなったが、モノづくりのまちの空気が今でも色濃く残るエリアである。おおたオープンファクトリー自体はこのエリアを中心に実施しているが、近年では「工場アパート」と呼ばれる、工場が集積する中層ビルや、臨海部・島部（京浜島・城南島等）の工場等にも広げて実施しており、開催期間も、当初は年に1日であったが、現在では1週間に渡る企画へと広がっている。

イベントの企画運営は、一般社団法人大田観光協会を事務局としながら、地元の工業団体として工和会、そして、首都大学東京・横浜国立大学やNPO団体、つまり、公的団体×民間団体×大学・専門家といった多主体で構成される「おおたオープンファクトリー実行委員会」が主催している。当初は、大学および観光協会により構成される研究会が企画運営を牽引する形で進めてきたが、回を追うごとに、メインプレイヤーである工場およびその組合組織である工和会も積極的に関わるようになり、月に1回程度の幹事会や会合を通じて、さまざまな企画運営を連携して進めるようになっている。企画内容の検討や推進も、実施当初は、関係する大学の大学生・大学院生を中心に進め、担当工場を割り当てて、工場側との綿密なやりとりを進めてきたが、第5回からは、区内外から公募して、イベントスタッフや企画運営のお手伝いを行う「ねじまき隊」(第4回は、「モノづくり観光サポーター」)というボランティア組織を立ち上げ、更なるファン層の拡大と地域連携を高める取組みを進めている(図12・2)。

オープンファクトリーのコンテンツ
1) 工場オープン
　本イベントのメインとなるのは、普段入れない工場の一般公開である「工場オープン」である。新旧の工作機械の見学や、なかなか話せない経営者や職人との触れ合い等が最大の魅力とな

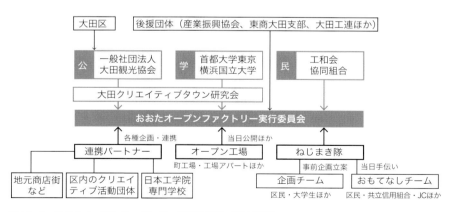

図12・2　おおたオープンファクトリー組織体制図(第6回時)。
大田区の観光を支援する公益的な大田観光協会、民間町工場の地域組合である工和会、そして、大学(首都大学東京・横浜国立大学)という公×民×学の連携に加えて、区民のサポーター(ねじまき隊)とともに行われている。

4章　「なりわい」をひらく　163

っている。とりわけ、モノづくりのプロセスや技術の正確性に関する説明は、見学者の知的好奇心をくすぐる。回を重ねるごとに公開される企業数、エリアも拡大しており、第5回からは、武蔵新田・下丸子周辺地区での約20の工場のほか、工場アパートと呼ばれる工場の集合建物（テクノWING大田、OTAテクノCORE、テクノFRONT森ヶ崎）や、埋立地（京浜島・城南島）にあるプレスや絞りも可能な、やや大きめの工場や施設へと広がっている。また、年々、公開工場ごとに、加工体験イベント等を独自に企画し始めており、道具・機械・材料に触れることのできる多様な体験が用意されている。ただし、工場は多くは中小工場であり、多くの人がまとめて中に入ることができないため、公開の仕方も工夫されている。

2）工場街の魅力に触れる

大田の町工場街の特徴は、「小規模工場の集積」であるが、特に、専門分化した機械加工工場が多く、そのため各工程を複数工場で別々に行い、一つの製品を納品する「仲間回し」と呼ばれる方法がとられてきた。イベント時にはこれを疑似体験する「仲間回しラリー」が実施され、歩いて町工場を巡れるこのエリアの特徴を活かした取組みとしている。

このメリットを活かして複数工場をまとめて見学する、回遊性向上のための取組みとしてのスタンプラリーや、「職人カード」と呼ばれる、職人さんをキャラクター化したカードを集めるイベント等も導入している。

一方、モノづくりの現場は、一見しただけでは分かりにくいため、解説を提供するツアーもある。当初は、企画運営者自ら、対象とする層やテーマ、エリアを変えながら、例えば、工場とのマッチングを期待したクリエイターやデザイナー向けツアー、地域学習の素材を提供することを目的とした地元小学校の先生を対象とするツアー、モノづくりのネットワークを擬似的に体験できるよう一つの材料から複数工程を経て製品完成へ至るツアー、あるいはオープンファクトリーの舞台裏や企画手法等を紹介するツアーを実施していたが、近年では、大田・品川まちめぐりガイドの会という地域のボランティアガイド団体と協力して、ツアーガイドを実施している。

3）モノづくりコンテンツの集約

オープンファクトリーの重要な役割の一つは、町工場のもつ技術や製品を生活者や消費者に身近に感じてもらうことであり、そのための展示や販売も行われている。これは、いわゆるB to C（Business to Comsumer）と言われ、企業間取引を主体とする大田の町工場に

とっては、これまで比較的苦手としてきた分野である。一般向け商品、趣味の作品、あるいは職人の技術のPRのための製品を集め展示・販売するのが、「モノ・ワザギャラリー」である。

また、「モノづくりたまご」では、学生のデザイン力と工場の技術のかけ合わせによって製作されたコマやキーホルダー等のオリジナル製品をカプセルトイに詰めて販売した。近年では、プロダクト系の大学生や、モノづくりの担い手を育成する地元の日本工学院専門学校の協力も得て、「モノづくりたまご学生デザインコンペ」を開催し、学生の提案のなかから選ばれた作品を町工場が製作するというコラボレーションも実現している。

4) モノづくりのまちの活用

イベント時には、来訪者をおもてなしするための案内、展示、休憩、イベント等の機能をもつさまざまな拠点を設けているが、工和会の事務所である工和会館を「イベント本部」として、展示や各種プログラムの実施場所に活用している。加えて、工場が連続する長屋の一角にある空き工場・空き事務所をリノベーションしたモノづくり活動拠点「くりらぼ多摩川」も、当日のイベントスペースとして活用している。こ

旧事務所[くり棟]

元工場の旧事務所空間を、地域に開かれた、交流空間・モノづくりのまち発信空間となるような明るい空間へと改修した。

改修前の旧事務所棟（くり棟）

▼

旧工場[らぼ棟]

空間が有していた町工場らしい雰囲気を活かして、創造的な体験・活動が実施できるための「モノづくり空間」へと改修した。

改修前の旧工場棟（らぼ棟）

▼

旧事務所棟（くり棟）改修後の外観

旧工場棟（らぼ棟）改修後の内観

図12・3　創造製作所「くりらぼ多摩川」の改修計画
第2回のおおたオープンファクトリーを経て発見された、町工場の空き部屋(旧工場、旧事務所)を、リノベーションによってモノづくりのまちづくりを支援する活動拠点に再生した。

こは、当初イベントを始めた時に発見された空きストックであったが、現在は、くりらぼ多摩川として使用し、日常時においてもモノづくり体験ワークショップやトークイベント、勉強会等、モノづくりのまちづくりに関わる多様な活動が行われている（図12・3）。

このほかにも、普段は低未利用の空間をうまく拠点として活用することで、もてなしやにぎわいの場づくりを図っている。駅前には、旧キオスクの構造物を利用して、マップ配布やツアー受付の機能をもつインフォボックスを設置している。

さらに、来訪者が分かりやすく、楽しく工場やまちを巡れるように、さらにまち全体からイメージが伝えられるように、イメージカラーの赤を基調としたデザインのスタッフユニフォーム、のぼり、フラッグ、マップ、案内冊子を準備している（図12・4）。

5）周囲との連携

モノづくりのまちは、町工場だけでなく、これを支える商店街等とともに存在している。下丸子駅前、武蔵新田駅前にある商店街らとコラボレーションし、フラッグの掲載や、商店街主催イベントとの連携が行われた。また、商店街内の一部店舗とも連携し、「くりらぼカフェ」や「工場アパート」での商品提供やセットメニュー開発を行った。日常時にも、武蔵新田商店街沿いにある新田神社で月に一度行われる縁日にも参加し、くりらぼ多摩川やモノづくりのまちづくり活動をPRしている。

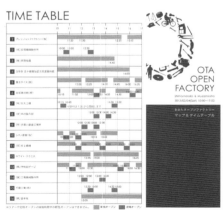

図12・4　おおたオープンファクトリーのマップとタイムテーブル（第1回）
第1回と第2回は、企画に参加していた大学院生が手作りでデザインし、3回目以降からは、デザイナーや地域の印刷会社などを交えて作成している。

取組みの成果

これまで6回開催し、冬季のイベントにも関わらず、約3500人の来場するイベントに成長した。また、「産業観光まちづくり大賞金賞(第7回)」(2013年、公益社団法人日本観光振興協会主催)も受賞し、メディアにも取り上げられる等、モノづくりの未来への関心の高さがうかがえる。参加工場としても、地域貢献、営業活動、社員教育・学習効果としての意義を感じつつ、一部、受発注につながる動きもあったこと、何より、来場者との交流に魅力を感じているようである。今後は、モノづくり(製造)そのものを活かした参加形態も模索・検討している。

地域住民からも、近くて遠い存在だった工場に触れ、喜びや驚きの声が多数寄せられており、住工共生の可能性を感じさせる。また、地域の空きストックや潜在的資産(空き工場、工場長屋、まちの歴史的資産等)に改めて気づき、くりらぼ多摩川のようなリノベーション再生事例も生まれた。そして、

職人や経営者と直接話をしたり、材料・道具・機械に触れ、加工体験に参加できる。

複数の町工場を回って一つ製品をつくるツアーや、職人のイラストを集めて歩けるしかけがある。

学生のアイデアを職人が技術と経験で製品化したり、職人トークやクイズ等のプログラムもある。

まちのルーツ、歴史、地形をめぐるツアーや、商店街とのコラボイベントなども大切にしている。

図12・5　おおたオープンファクトリーの四つの視点　(出典：おおたオープンファクトリーパンフレット)

区民の支援、商店街や自治会等、「まちぐるみ」で関わることができたことも、地域にとっては意義深い(図12・5)。

近年では、東京や全国各地で、工場公開イベントが広まりつつある。〈モノマチ〉(台東区、事例13)、〈スミファ〉(墨田区)は人気を博しており、〈川崎北工業会オープンファクトリー〉(川崎市高津区)や〈港北オープンファクトリー〉(横浜市港北区)、〈燕三条 工場の祭典〉(新潟県燕市・三条市、事例14)、〈関の工場参観日〉(岐阜県関市)等、全国各地への広がりを感じることができる。

大田クリエイティブタウン構想

おおたオープンファクトリーは、一過性のイベントとしてではなく、「大田クリエイティブタウン構想」という地域再生のビジョンのなかの一つのプロジェクト(最初のきっかけ)として位置づけられ、企画・開催されてきた。この構想は、前述のように、モノづくりをとりまくさまざまな資源性や可能

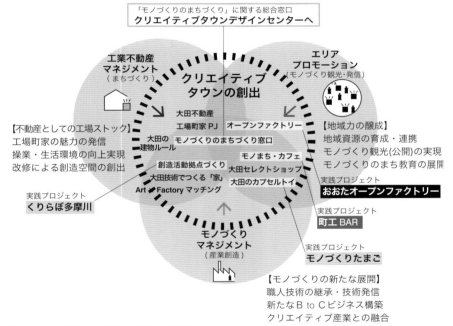

図12・6 大田クリエイティブタウン構想図
おおたオープンファクトリーは単なる町工場公開イベントではなく、モノづくりの付加価値を高めるモノづくりマネジメント、モノづくりに関わる工業不動産マネジメント、地域全体の価値を高めるエリアプロモーションの三つの目標の基に、大田をクリエイティブタウンとして再生する戦略の契機として実施されている

168　II部 事例編 各地のオープンシティ・プログラム

性を次世代に受け継ぎながら、「新し
く創造的な価値を生み出せる、豊かで
生活感あふれるまち＝クリエイティブ
タウン」と位置づけ、将来にわたって
活力を維持するために、（1）新たな創
造的なモノづくりのあり方を生み出す
「モノづくりマネジメント」、（2）創造
まちづくりを生み出すための場づくり
「アセット（工業不動産）マネジメント」、
そして、（3）モノづくりのまちづくり
をエリア全体で発信する「エリアプロ
モーション」の三つの柱を掲げ、その
ためのさまざまなプロジェクト展開を
行うものであり、そのなかの一つの取
組みとして、オープンファクトリーは、
まち全体を結びつけるかすがいのよう
な役割を果たしている。また、2017年
4月には、こうしたクリエイティブタ
ウン構想を推進していくために、公×
民×学連携で、一般社団法人おおたク
リエイティブセンターが設立された。
大田が魅力的なクリエイティブタウン
となるためにも、他のプロジェクトと
も連動して、新たな地域価値の創出の
ために役立つオープンファクトリーの
さらなる発展が期待される（図12・6）。

開催地 大田区（下丸子駅・武蔵新田駅周辺、臨海
部ほか）

開催規模（公開数） 68社（2016年・参加全工場数。
工場公開は53社）

予算 約300万円

来訪者数 約3300人（2016年）

開始年 2012年

2016年現在の回次 6回

運営組織 おおたオープンファクトリー実行委員
会（事務局：一般社団法人 大田観光協会）

4章 「なりわい」をひらく 169

台東モノマチのイベントにおいて、期間限定で公開されるインキュベーション施設、台東デザイナーズビレッジ（旧小島小学校）

13　モノマチ
──東京都台東区

　2011年から始まった〈モノマチ〉は、古くから、革産業を始めとした卸問屋や工場等の集積地としての歴史を有する下町、東京都台東区南部の徒蔵（カチクラ）エリア（御徒町〜蔵前〜浅草橋にかけての2キロ四方の地域）を対象にした取組みであり、エリアを歩きながら、「街」と「モノづくり」の魅力に触れ、多数のモノづくり系企業やショップ、職人、クリエイター、飲食店等に出会うことができる、数日間のモノづくりのマチづくりイベントである。

台東デザイナーズビレッジ
　2004年、台東区所有の廃校（かつて、震災復興小学校として公園と併設して建設された、旧小島小学校）を活用して、ファッション関連ビジネスを中心としたモノづくりの創業支援施設である台東デザイナーズビレッジ（以下、ビレッジ）が設立された。台東区では、1999年より「工房の見える化事業」や「中小製造業のアトリエ化支援事業」等、モノづくりに関する支援事業を推進するなかで、2003年の小学校廃校による跡地利用問題を契機に、この廃校施設

をインキュベーション施設として改修し、活用することが目論まれた。

　ビレッジでは、インキュベーションマネージャー（鈴木淳氏：通称村長）のコーディネートの下、約20人近くが、比較的低廉な家賃で入居し、起業に向けて活動しており（入居年数は原則3年以内・1年更新）、倍率も十倍におよぶほどの人気だ。共有設備をシェアできること、マネジャーや区からの支援・相談が受けられること、起業家同士のネットワークが得られること、工場や問屋の広がるモノづくりに適した地域にあること等、メリットを享受しながら、小学校の佇まいを残す魅力的な空間で活動が展開されている。

　卒業企業も70社近く（2015年度まで）におよび、そのうち半分近くが地域内や区内に拠点を構える等、地域の不動産ストック活用やビジネス創出にも影響を与えている（一部、中小製造業のアトリエ化支援事業助成を受けている）。機を同じくして、民間による工房・ショップ複合施設「2k540」（図13・1）等が展開しており、ビレッジ卒業生（企業）の入居も見られる等、創造的起業が根づくための階層的な場が用意され、「クリエイティブネスト」ともいえる起業家の地域定着とネットワーク形成を見ることができる。

モノづくりのマチづくりイベント〈モノマチ〉の開催

　台東デザイナーズビレッジが設立されたことで、ビレッジ居住者から、モノづくりの基盤が根づく地域との連携を望む声があがり、エリアブランディングをねらった「モノづくりのマチづくり」イベント＝〈モノマチ〉が提案された。年に1〜2回、ビレッジでの活動（工房）も外部に公開しながら、地域に点在するアトリエ、問屋、工場が一斉公開し、露店まででてしまう、そんなイベントが企画された。

　開催エリアはもともと、皮革製品を中心とした卸問屋街で、普段はB to B（Bussiness to Business）の仕事だが、時には、消費者に直接かかわり、小売り販売することは、マーケティングの情報収集や、販路を切りひらく意味でメリットも感じられる。当初は、ビレッジ等の力を背景に運営されていたが、

図13・1　JR高架下「2k540」での出店の様子
ジェイアール東日本都市開発により高架下（旧倉庫・駐車場）に設置された。

徐々に、地域の問屋、職人、店主、クリエイター等が集まって、主体的に行う活動として成熟してきた。

具体的には、イーストエリア(63店舗)、センターエリア(55店舗)、ウエストエリア(72店舗)(店舗数は第8回を参照)という三つの地域にある問屋を始め、メーカー、職人、工房、工場、店舗等の多分野多業種約190の施設が約3日間、同時に公開される。各工房・問屋・店舗等は、それぞれの工夫・責任で有料の体験イベントやワークショップ等を展開するほか(図13・2)、いくつかの工房・問屋・店舗を順番に巡って自分なりの商品をつくる「トッピングラリー(トートバック等)」や、パスポートのようなデザインのスタンプ帳をもって地域を巡る「スタンプラリー」、クリエイターの露店が並ぶ「クリエイターズマーケット」(2k540、佐竹商店街)、商店街と連携した「フードコートinおかず横丁」等、数々のイベントも用意されている。また、レンタサイクル

図13・2 モノマチで設計事務所が主催したモノづくりワークショップの様子。
モノマチ工場・問屋・店舗のほか、事務所等も参加している。

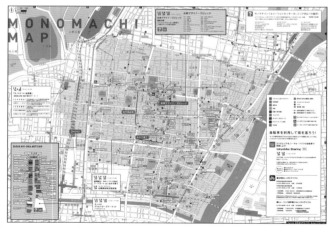

図13・3 「モノマチマップ」(2014年)。モノマチは、イーストエリア、センターエリア、ウエストエリアの三つの異なるエリアを合わせた、カチクラ(御徒町〜蔵前)と呼ばれる2キロ四方の地域を中心に実施されている。(出典:モノマチHP (http://monomachi.com/?page_id=2917 最終更新日 2014年7月20日))

(tokyo-bike)との連携や、めぐりん(循環コミュニティバス)の活用等、まちを巡るための仕組みも用意されている(図13・3)。

2011年から、年に1〜2度のペースで9回を重ね、近年では「ハチモノマチ」「モノマチナイン」等、回ごとにキャッチフレーズも変えて、実行委員長も順番に交代しながら、ビレッジ卒業企業や、地域の工場・問屋・関連企業のみならず、商店街や飲食店舗を取組んだ地域全体を巻き込んだイベントに展開してきた。モノづくり(地域のなりわい)を介した地域のマネジメントとブランディングの進展が期待される。

イベント運営からエリアブランディングへ

イベントの実施主体に関しては、2014年(第5回目実施時)までは、イベントの実行委員会形式で実施されていたが、第5回目以降は、台東モノマチ協会(台東モノづくりのマチづくり協会)を主体として実施されている。本協会は、カチクラエリアに関わる企業・個人の有機的なネットワーク形成により、『モノづくりのマチ』としての地域性、伝統を生かした当エリアの活性化、情報発信力の向上を図ることを目的とした、多主体連携を図っており、①会員相互の交流、②エリアの生活者、地場

図13・4 イベント時に行われたツアーがマチを巡っている様子

産業との交流・共生、③エリアのモノづくり力の活性化、④子どもたち(次世代)にモノづくりを伝えること、⑤エリアのブランド価値の向上、⑥関連団体、他地域等との交流を活動内容としている。実際には、モノマチの運営はもちろん、交流会やセミナー、クラブ活動、エリアの情報発信等、地域ブランディングの機能も担っている。会員は、協会の目的に賛同し、積極的な参加意識をもつ、原則カチクラエリア内に所在する法人や個人である。実行委員会形式時には、イベント参加者も回数を重ねるにつれて増え続けたが、逆に想いや方向性を異にする部分も見え始めたことから、改めて会費制の協会とし、まちの目指す方向性や会のあり方を検討しながら、日常時の活動にも力を入れていく、そういったメンバーの集まりを目指すこととなった。そのため協会では、地域活動やモノマチ運営への参加を条件としており、年会費(2万4000円、モノマチ参加には別途5000円)も徴収し、責任と意気込みを明確にしている。

オープンファクトリーネットワーク

「モノづくりのまちづくり」を展開する他地域との連携も生まれつつある。

2011年以降、「オープンファクトリー手法」は全国各地に展開し、各地の運営団体(モノマチのほか、A-ROUND(台東区南部エリア)、おおたオープンファクトリー(大田区、事例12)、スミファ(墨田区)、燕三条 工場の祭典(新潟県燕市・三条市、事例14)、高岡クラフツーリズモ(富山県高岡市)、ヤマナシハタオリ産地バスツアー(山梨県)等)、「ネットワーク化」も進んでいる。2014年度には、「オープンファクトリーガイドブック」(経済産業省関東経済産業局補助金)において、各事例の紹介や、共通する運営手法等がまとめられているほか、このネットワークをきっかけに、年に数回ほど集まって交流会やシンポジウムを開催したり、各地のオープンファクトリーを視察しあう等、同じ課題を有する組織同士の交流が進んでいる(図13・4)。その後もオープンファクトリーを進めて行くまちは徐々に増加しており、「モノづくりのまち」を高める方法の一つとして波及しつつある。

開催地　東京都台東区カチクラ(御徒町〜蔵前)エリア
資源公開数　約190箇所(2016年)
予算　非公表
来訪者数　9万人(2016年)
開始年　2011年
2016年現在の回次　8回
運営組織　台東モノづくりのマチづくり協会

14　燕三条 工場の祭典
——新潟県燕市・三条市

燕三条 工場の祭典の様子
伝統的な刃物・洋食器の加工工場や世界的なメーカーまで、さまざまなモノづくりの現場に出会うことができる

　〈燕三条 工場の祭典〉は、金物や洋食器で有名な新潟県燕市・三条市周辺地域で行われる、オープンファクトリーイベントである。2016年に行われた際には、10月6日（木）〜9日（日）の4日間、燕市・三条市全体に広がる96箇所の工場を公開して盛大に行われた。

　日本で一番社長が多い街とも言われる燕三条地域は、中近世から続く金属加工の歴史を有した産地であり、現在でも、燕市ではステンレス加工業、洋食器メーカー、三条市ではプレスや金型製作、刃物工場等、金属製品製造業の中心に多様な製品を生みだしている。その多くが中小規模の工場だが、世界的に有名な爪切りメーカー「諏訪田製作所」、銅器をたたきで製作する「玉川堂」等、個性あふれる工場も多い。

　4回目の開催となった2016年には、多種多様な製品やモノづくり技術、職人等に出会うことができる「工場（ファクトリー）」（78箇所）の公開はもちろんのこと、米どころとしても有名な地域であることや、周辺域に広がる豊かな農業の力を活かして、農の生産現場を体感し農産物を感じる「耕場」（13箇所）、

4章　「なりわい」をひらく　175

こうした地域産品を直接購入できる「購場」(5箇所)と、一次産業・二次産業・三次産業をそれぞれ組み合わせたプログラムが用意されており、地域のさまざまな産業とともにつくり上げる重層的な取組みとなっている。

伝統とモノづくりの想いを伝える契機

新潟県燕市といえば、金属製洋食器等の産地、三条市といえば、刃物等を中心とした鍛冶産業が有名であり、いずれも伝統的な工芸技術を基にした金属加工業を中心とした産業都市である。三条は、鎌倉時代から鍛冶産業が育まれた上に、江戸時代、和釘づくりが奨励されてさらに発展したといわれている。燕では、江戸時代に伝えられた鎚起銅器の製法を契機に、銅器や洋食器等金属製の生活什器の製造が盛んである。そのため、両市合わせると正に金属加工の一大生産地であり、「燕三条」の呼称で地域ブランドとして広く認知されている。しかしながら、他地域と同様、産業構造の変革に伴い、産業全体は最盛期に比べると活力が失われつつあり、そのために都市全体の活力も減少してきている。また、産地としての知名度はあっても、観光地としてはあまり認知されず、来訪者もビジネス目的が中心で、消費者として製品を購入する行動は見られなかった。

工場の祭典実施以前にも、モノづくり(産業振興)に関わる取組みは多く行われていた。例えば、〈越後三条鍛冶まつり〉等、テントに企業が出店し、買い物や体験ワークショップが楽しめる1日限りのイベントはあったが、来場者のほとんどが市内・県内からで、外部からの集客力が不足していた。また、三条市主催の「経営力向上人材育成塾」では、つくり手のモノづくりに対する想いを直接ユーザーに伝えるため、工場を公開してその姿を見てもらうイベントも模索されていた。そのなかで、育成塾第3回目プロデューサー、山田遊氏(株式会社メソッド)による工場見学の提案とプロデュースをとおして、燕三条 工場の祭典が実施されることとなったのである。

エリアブランディングに向けて

東京等の都心部で開催されるオープンシティイベントは、歩いて暮らせる徒歩圏・界隈スケールで行われる点が特徴である。一方でこの取組みでは、96箇所の公開対象(2016年)が、約540平方キロメートルの燕・三条地域全域に広がっているため、車やバス等の移動手段を必要とするのだが、その分、市域全体でのまとまりや一体感を醸成することができる点や、資源の多様なバリエーションに出会うことができる

等、地方都市型のオープンシティ・プログラムならではの特徴がある。また、地域には、刃物・洋食器を中心とした工場のみならず、アウトドア用品で有名なスノーピークをはじめとして、世界的に活躍する企業も散見される。これらが一つにパッケージングされることで、技術と多様なモノづくりのチカラを地域ブランドとして見せることができるようになった。

また、デザインマネジメントにも力を入れており、これをプロモーションの武器としている点も特徴である。イベント全体のコンセプトづくりからアートディレクション、そして、ブックレットやパンフレットの編集・撮影・翻訳等をとおしたPRにも力を入れている。これらは山田氏のオフィスのコーディネーションで行われ、活動全体もパッケージングされている。例えば、

図 14・1　デザインされた工場の祭典のパンフレット表紙（提供：「燕三条 工場の祭典」実行委員会）

図 14・3　三条ものづくり学校で同時開催された大日本市博覧会

図 14・2　ピンクのストライプで彩られた公開工場

4章　「なりわい」をひらく　177

鮮やかなピンク色の斜めストライプがデザインコードとなっており、パンフレットやTシャツなどに用いられているのだが、ピンクの大きなマスキングテープを用意することで、誰でもどこでもピンクのストライプデザインを纏うことができ、工場の壁面に職人自らストライプを配することができるなど、とても展開力に優れた手法を用いている（図14・1、図14・2）。

さらには、官民連携という意味でも、燕市商工観光部・三条市経済部商工課・(公財)燕三条地場産業振興センターも共催して行っており、行政界も超えた連携を実現している。

波及的展開

この取組みによる盛り上がりに併行して、モノづくりをベースとした地域ブランディングという意味で、イベントに留まらない動きも見られる。

例えば、2014年3月に廃校となった旧南小学校を活用して、三条市から民間企業への委託運営による「三条ものづくり学校」というシェアオフィス・シェア工房・コワーキング施設が整備された（図14・3）。そこでは、『はたらく』『まなぶ』『あそぶ』をコンセプトに、モノづくり産業の高付加価値化、情報発信力強化、次世代モノづくり人材の育成等を目指して、さまざまな活動がマネジメントされており、工場の祭典当日も、メイン会場の一つとして活用されている。

また、前述の諏訪田製作所では、工場をリノベーションして、イベント時のみならず、常時職人の作業の様子や生産の過程を見学できるルートを設置し、ギャラリーやショップスペースも並置されたSUWADA OPEN FACTORYをオープンさせている（図14・4）。

開催地	新潟県燕市・三条市および周辺地域
資源公開数	96箇所（2016年）
予算	行政負担金 2400万円（2016年）、そのほか協賛金、参加料など
来訪者数	約3万5000人（2016年）
開始年	2013年
2016年現在の回次	4回目
運営組織	「燕三条 工場の祭典」実行委員会

図14・4 諏訪田製作所は、工場を改修し、常時見学できるギャラリー及び店舗空間を整備している

15　ワールドポートデイズ
──ロッテルダム

普段は近づくことのできない港湾施設で、都市を支える産業を間近に感じる

　ロッテルダムは、ニューウェ・マース川の河口に造られた欧州最大の港「ユーロポート（ロッテルダム港）」とともに発展し、さらに近年、沖合の埋め立てを進め、完全自動化されたコンテナターミナルを新たに建設する等、活力ある港湾都市である。ここで、1970年代から行われてきたのが、〈ワールドポートデイズ（World Port Days（英）、Wereld haven dagen（蘭）〉である。このイベントでは、市民や市外からの来訪者が、普段立ち入ることのできない港湾エリアや、海運業やエネルギー産業等港湾関連企業を訪問できる機会が提供され、まさに「港をひらく」を取組みとなっている。

欧州最大の港湾都市をひらく

　首都アムステルダムに次ぐオランダ第2の都市ロッテルダム（人口63万人）の中心市街地では近年、高層ビルの建設ラッシュが起き、超高層のホテル・オフィス「Nhow」（地元出身の建築家レム・コールハース設計）、「KPNタワー」（レンゾ・ピアノ設計）、完成間もない

4章　「なりわい」をひらく　179

ロッテルダム中央駅等が注目を集めている。歴史を遡れば、ロッテルダムには、世界初の歩行者専用モールのラインバーン商店街、運河沿いを再開発した集合住宅や商業施設、奇抜なデザインが目を引く「キュービックハウス」等がつくられ、進取の気性に富んだ都市であった（図15・1）。

都市の生命線とも言える港湾を対象とするワールドポートデイズは、毎年9月（近年は第1週の金・土・日）に開催され、約70の地元企業（コンテナ、倉庫、環境、石油精製、海運、エネルギー、運輸等）が参加し、期間中は延べ2万5000人が市内外から訪れる（65％はロッテルダム都市圏、30％はオランダ国内、残り5％は海外から）。開催中は主に以下の三つのプログラムを体験することができる。

①港での各種アトラクションの見学：特別船やヘリのショーや夜間の花火（図15・2）
②拠点エリアに設置されている企業ブースの見学（図15・3）
③建物・敷地を公開している企業への訪問やツアーへの参加

多くの来訪者にとっては、メイン会場となるエラスムス橋周辺での①や②が主なアクティビティとなっているが、これだけでは、一般的な港でのフェスティバルと大差ない。ワールドポートデイズの目玉は、何と言っても③の企業訪問とツアーである（大部分は有料

図15・1　20以上のプログラム。その位置を示したマップ　（出典：ワールドポートデイズ2014パンフレット）

図15・2　港の船上ではさまざまなアトラクションが行われる

図15・3　企業の展示ブース

で事前予約制）。2014年のイベントでは、オランダ語ツアーは計55本実施されたのに対して、英語ツアーは7本（うち一つは講演会）と、国際港湾都市ではあるが、前述の来訪者割合からみても、市民、自国民をメインターゲットとしたイベントであることが分かる。

港の内部、施設のバックヤードを訪れる

　ワールドポートデイズにおいて、「欧州を先導するコンテナ基地：ECTデルタターミナル(The leading container terminal in Europe – ECT Delta Terminal)」は、1日10回以上実施される人気プログラムの一つである。40名程度が1台のバスに乗り込み、ロッテルダム港を東から西まで約40キロ移動する計3時間半のガイド付きツアーだ。車中で港湾の土地利用、モノの流れ、企業の概要に関する詳細な説明を受けた後、コンテナが積まれたECTデルタターミナルで下車し、実際に巨大ガントリークレーンの試乗体験や現場の従業員との交流（簡単な会話）をすることができる（図15・4）。

　一方、オープンハウスとして、普段は入ることのできない建築内部を公開するプログラムも用意されている。前述の超高層ビル「Nhow」は、1日数回の一般向けツアーを実施し（2014年当時は、建設途中）、上階からの眺望が楽しめ、軟弱地盤の上にたつ超高層建築の免震装置等の建物の「裏側」を見せたり、充実した内容となっている（図15・5）。

都市に港を取り戻す

　1970年代にワールドポートデイズが始められた当時、拡張する港湾機能が徐々に河口方面へ移動し都市から離れていくなかで、「都市に港を取り戻す」

図15・4　地上40mのガントリークレーンの操作室にも入ることができる

図15・5　超高層ビルNhowのオープンハウスのチラシ

4章　「なりわい」をひらく　181

をスローガンに、港湾と市民との距離を縮めることが重視された。当初、港湾局が主催者としてイベントをリードしてきたものの、より民間から運営資金を獲得しやすいようワールドポートデイズ財団が近年設立された。実際はロッテルダム港の管理・運営を担い、州政府が所有する組織「ポートオブロッテルダム（The Port of Rotterdam）」が運営費の半分、そして、ロッテルダム開発公社が6分の1、残り3分の1は参加企業からの協賛で賄われている。ポートオブロッテルダムとしては、港湾地帯の運営権を確実なものにすることと、環境面や安全面への配慮を示し港のイメージを向上させることをモチベーションとして、港湾を対象としたいわゆる「産業観光」に普段から積極的に取組んでおり、ワールドポートデイズもその一環として位置づけられる。

　一方、このイベントに参画する港湾関連の民間企業のなかには、新たな労働力を確保する機会として捉えている企業もある。というのも、港湾エリアの拡張により、さらなる労働力が必要とされているにも関わらず、労働人口の高齢化により、十分な労働力を確保できていない現状があり、各参加企業にとっては、企業、仕事、地域の魅力をアピールする絶好の機会となっている。

　イベントの人気を受けて、運営する

ワールドポートデイズ財団は、港湾関連企業の公開の通年化を目指し、開始30周年を迎えた2007年には、毎月1つの企業を公開する取組みを行ったが、結局宣伝効果は少ないと判断し、1年に1回、一斉公開プログラムを実施するスタイルに戻している。

　なお、産業観光が盛んなロッテルダムでは、ワールドポートデイズとは別に、インダストリアルツーリズム・ロッテルダム社が、訪問者のニーズに合わせたオーダーメイド型の港湾部の企業を巡るバスツアー（事前予約制）や毎週日曜日にレギュラーツアーを実施しており、こちらも人気を博している。

参考文献

・Alexander H. J. Otgaar 他（2010）：Industrial Tourism Opportunities for City and Enterprise、Routledge
・（財）日本交通公社編著（2007）『産業観光への取組み』
・ワールドポートデイズのホームページ
　http://wereldhavendagen. nl/en/
・Industrieel Toerisme Rotterdam ホームページ
　http://industrieeltoerisme. com/?lang＝en

開催地　オランダ・ロッテルダム

開催規模　55プログラム（オランダ語）／7プログラム（英語）

予算　不明

来訪者数　2万5000人（延べ人数）

開始年　1977年

2016年現在の回次　39回

運営組織　ワールドポートデイズ財団

オープンハウス(温室)では、花卉生産者が自ら行う説明を聞きながら、生産現場で見学するツアーが行われた

16　花の超祭典
―― 愛知県田原市

　産業というと、製造業を思い起こすかもしれないが、一次(農林水産)産業も、我々の生活を支える重要な産業の一つである。生産空間と生活空間の離れてしまった現代都市では、生産物が、我々の元にどうやって届くのか見えないことが多く、トレーサビリティが重要視されつつあるなかで、生産現場を開くことも、ニーズの高い取組みである。なかでも、普段は、なかなか意識することのない、しかしながら、生活を彩る要素でもある「花」を育てる「花卉産業」の生産現場をひらくという興味深いイベントが、晴天率の高い、花卉産業の集積地、渥美半島の田原市において開催された。〈花の超祭典〉という名の花卉産業の現場発信イベントは、2016年2月20日〜21日の二日間、田原市休暇村伊良湖キャンプ場および、下記の生産現場であるビニールハウス(温室)や菜の花畑の広がる周辺地区を会場として実施された(図16・1)。

オープンハウス(花の生産ほ場見学会)

　この取組みの対象は、同じオープン

4章　「なりわい」をひらく　183

ハウスといっても、ビニールハウスの「ハウス」である。この地域では、1年を通じて安定した供給を行うために、ビニールハウスによる花卉生産が行われている。ハウス型花卉産業の現場は、普段、一般的には立ち入ることや見ることはできないが、本イベントでは、ツアー形式(1日2便)で、マイクロバスを用いて会場周辺にある2カ所程度の農園(ビニールハウス)を巡回・見学できた。

そこでは、直接生産者からの説明を受け、コミュニケーションをとりながら、直植えのものや鉢植えのもの、電照菊等さまざまな品種の花卉の生産がどのような形で行われているか、詳しく知る場が用意された(図16・2)。

花卉産業を顕在化する仕掛け

このイベントでは、温室の見学だけでなく、拠点である休暇村内の施設を利用して、花卉産業の存在を最終ユーザーである消費者に向けて発信する仕掛けが用意されている。

1) 田原市の花の展示

この時期に生産される、約500種1万6000本の花卉を集めた展示。なかでも、最初に目に入るのが、これらの花卉を用いてつくられた巨大な竹ドームのフラワーモニュメントであり、来訪客の目を楽しませてくれる(図16・3)。

2) フラワーマーケット

渥美半島で栽培された、いわば、「採れたて」の花卉の直売。全国でも限られた花屋にしか並ばない高品質な花や、雑誌でしか見られない珍しい品種等、

図16・1 花卉産業のためのハウス(温室)が建ち並ぶ風景

図16・2 オープンハウス(花の生産圃場見学会)の様子

通常は花屋や卸業者に発注させるさまざまな花卉を、消費者が直接購入できる(図16・4)。

3) フラワーアクティビティ

田原産の切り花を使った「フラワーブーケ」、根付き植物でつくる「ルーティブーケ」等、フラワーレッスンおよび花育体験が、地域の生産者と花屋による直接指導で行われている。

4) フラワービレッジ(花のPRブース)

休暇村の外部スペースでは、フラワーマーケットの花とともに、市内のグルメ、スウィーツカフェ、雑貨等、地域の資源と特産品を、PRする屋台や露店が並ぶプログラムも用意された。

運営プログラム

イベントの運営は、主催を田原市(自治体)としながら、実際は、一般社団法人みんなのたはら元気ネット花卉振興部(以下、「元気ネット」)がともに行っており、官民連携で進められている。市内の32の花卉生産者(団体)と、21の鉢物生産者(団体)が協力し、花卉提供や直売、ツアーへの見学場の供出等が行われた。

日本一の花どころ渥美半島(田原市

図16・3 花卉で製作されたドーム空間

内)の花卉生産者たちからの「もっと花の素晴らしさや楽しさを感じてもらいたい！」という熱い声から実現することとなったこのイベントは、生産者自慢の花々で彩られた特別な祭典であり、花卉生産者や元気ネットのメンバーが積極的に企画運営を行っている（図16・5）。市長の挨拶や、田原市をPRするアイドルとのコラボレーションの場面など、会場でも、ステージ上でも共通コスチュームのエプロンをした生産者が一緒になって盛り上げる姿が見られ、花卉を愛して大切に花を育てる生産者の存在を再認識することができた。

この取組みは、実験的であったこともあり、第2回目以降が開催されるかどうかはまだ不透明だが、地域の気候文化を活かしながら進められる地域のなりわいを再認識しつつ、その存在を伝える取組みとして発展を期待したい。

図16・4　フラワーマーケットの様子

開催地　田原市（イベントは休暇村伊良湖キャンプ場）

資源公開数　53団体（参加協力の花卉・鉢物生産者数）

予算　非公開

来訪者数　非公開

開始年　2016年（2月20日〜21日）

2016年現在の回次　1回（2016年）

運営組織　一般社団法人みんなのたはら元気ネット花卉振興部

図16・5　花の超祭典のチラシ　（提供：田原市）

5章 「クリエイティビティ」をひらく

都市を運営するために、各施設・空間が断片化され、分野や役割が縦割り化された現代では、それぞれの世界がそれぞれの論理のなかで閉じられている。

こうした状況を切りひらくために、新しい発想で分野を飛び越える、「クリエイティビティ（創造性）」に期待が寄せられており、横断的に都市再生を模索する仕組みとして創造都市政策（クリエイティブシティ）という方法論を用いる自治体も増えている。一方、創造性は、クリエイティブな人材一人

ひとりに宿り、一人の小さな活動から始まることもあり、少しずつ活動が育まれながら、まちをこじ開けるテコとして展開されることもある。こうした、分野横断的でボトムアップ型にもなりうる、新しいタイプのオープンシティ・プログラムを見てみることにする。

17　関内外OPEN!（横浜市）
18　芸工展と谷根千（東京都台東区・文京区）
19　金沢クリエイティブツーリズム
　　（石川県金沢市）

17　関内外 OPEN!
──横浜市

〈関内外 OPEN! 8〉開催時に、関内さくら通りの一部を活用して「道路のパークフェス」が実施され、そのなかで公開の結婚宣言「OPEN WEDDING !」も行われた

　〈関内外OPEN!〉は、横浜都心部に拠点を置く、さまざまなジャンルのアーティストやクリエイターたちが、普段は入ることのできない自らの創作現場(スタジオ等)を期間限定で特別公開し、仕事の様子や作品を見せつつ、来訪者とも交流する、オープンイノベーションイベントである。

　「関内外」とは、かつては運河で囲まれていて、橋のたもとにあった「関」所の内側である、横浜旧都心部「関内」(JR関内駅から海側)と、「関」所の「外」側である、伊勢佐木町、黄金町、若葉町、野毛、寿町等の周辺エリア「関外」を合わせた名称であり、この関内外が豊かになることは、すなわち、横浜が豊かになることを意味するというくらい、歴史文化が積み重なる、核となるエリアである。そこに多数点在する、アート・グラフィックデザイン・建築・映像・写真等多様なジャンルのアトリエをツアーで巡ったり、一緒にモノづくりをするワークショップに参加したり、創造性を感じさせるさまざまな体験・体感イベントが実施されている(図17・1)。

創造都市横浜へのクリエイター集積

　横浜市では、「創造性」というソフトパワーを活かした中心市街地再生を実現するために、2004年より「文化芸術創造都市横浜(クリエイティブシティ・ヨコハマ)」政策を推進している。90年代以降、横浜都心部、特に関内外地区では空洞化が進展しており、都市活力の低下が課題となっていた。また、都市デザイン的観点から見ても、外部空間の創出や、歴史的建造物の保全活用等をハードの側面から支援してきたものの、その空間を誰がどのように使うのか、その議論が未成熟であった。そこで、横浜ならではの中心市街地活性化戦略として着目されたのが、「文化芸術創造都市横浜」である。この構想では、「文化振興」「産業振興」「まちづくり・都市デザイン」という3本柱を掲げつつ、「①アーティスト・クリエイターが住みたくなる創造環境の実現②創造的産業クラスターの形成による経済活性化③魅力ある地域資源の活用④市民が主導する文化芸術創造都市づく

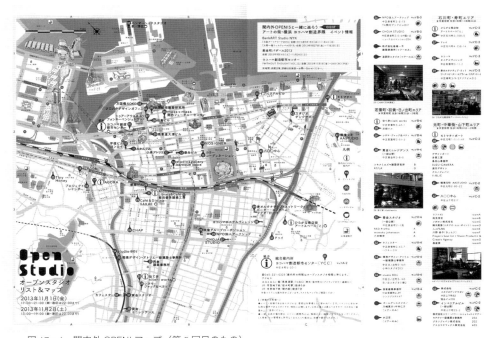

図17・1　関内外 OPEN! マップ (第5回目のもの)
横浜の都心部 (関内・関外地区) に集まるスタジオがオープンされている (提供: 関内外 OPEN! 連絡協議会/アーツコミッションヨコハマ (公益財団法人 横浜市芸術文化振興財団))

り」という四つの目標が設定され、この目標を実現するため、（1）ウォーターフロントの空間を文化的な活動に積極的に活用する「ナショナルアートパーク構想」（2）アーティストやクリエイターが住み、働きやすい環境を実現する「創造界隈形成（クリエイティブ・コア）」（3）映像・コンテンツ産業の集積をイメージした「映像文化都市」が戦略的プロジェクトとして立案された。なかでも、クリエイターの集積に関しては、「5000人」という目標も掲げ、積極的に誘致を展開するとともに、BankART*¹を始めとする創造界隈拠点の創出にも力を入れてきた。

こうしたクリエイターの集積と交流の契機の一つになったのが、「北仲BRICK & 北仲WHITE」暫定活用プロジェクトである。当時、森ビルにより開発が計画されていた北仲地区の敷地に建つ、2棟の築80年以上の歴史的建造物（北仲BRICK：旧帝蚕倉庫事務所ビル、および、北仲WHITE：旧帝蚕倉庫本社ビル）を期間限定で低廉な家賃で、アーティストやクリエイターのアトリエ・オフィスとして貸しだすプロジェクトである。BankARTが入居者を選定し、約50組のアーティスト、クリエイター、建築家が森ビルと定期借家契約を結び、入居した。

このプロジェクト自体は、2005年5月から2006年10月まで、約1年半の期間限定であったが、こうして集まったクリエイター集積とそのつながりを活かすためにも、こうしたクリエイターの「巣づくり」が重要視され、その後も「ZAIM（旧関東財務局）」「本町ビルシゴカイ」「新・港区（ハンマーヘッドスタジオ）」「宇徳ビルヨンカイ」等、期間限定ながら、クリエイター集積の場づくりが展開しているほか、ここから巣立った人たちが、横浜都心部に独立したアトリエ・オフィスを構える例も増加しており、空きオフィスをアトリエ、デザイン事務所、建築事務所に転用する「芸術不動産」事業の支援事業も設けられる等、創造界隈の形成に向けて、さまざまな取組み・活動が行われている。

このように、関内外エリアには、アーティスト・クリエイター等が多く集積してきたにも関わらず、発信が弱く、あまり市民に認識されていなかった。例えばこの北仲WHITEでは、入居する57組のアーティスト・建築家・デザイナーたちが、普段の制作スペースを一般に公開し、入居者間、入居者と市民、入居者と横浜を訪れる人々の間に、出会いと対話を生み出すことを目的とした「北仲OPEN!」というオープンスタジオが2005年に実施されている。これが関内外OPEN!の源流の一つであり、その後に現れた各集合スタジオでも、同じようなオープンスタジオが行われていたものの、それぞれは個別に別日程

190　II部 事例編 各地のオープンシティ・プログラム

で実施していた。

そんななか、「横浜クリエイティブシティ国際会議2009」が開催されることが決まり、国内外からの創造都市に関わる専門家が集まる機会をテコとして、創造都市政策の成果を発信すべく、関内外地区に集まるスタジオが同時に一斉公開する関内外OPEN!を行うこととなった（図17・2）。

自主的な運営と連携体制

この取組みは、基本的には、各スタジオの入居者や管理者であるアーティスト、クリエイターらが、関内外OPEN!連絡協議会等を通じて連絡をとりながら、それぞれ自主的に公開や活動を実施している。関内外に集積するクリエイティブ人材たちが自然発生的に集まり、自主運営することが前提であり、そのため、毎年改めて企画運営方針が検討されている。一方、関内外OPEN!の事務局として、企画全体のコーディネートや広報・記録・自主企画等は、アーツコミッションヨコハマ（公益財団法人横浜市芸術文化振興財団）が実施しており、各参加スタジオと連携して双方で運営を進めている（図17.3）。

内容としては、普段入りにくいクリエイター等のアトリエやスタジオ、オフィス等をオープンし、見学や展示、

図17・2　関係するクリエイターの作品である関内外OPEN!のメインイラスト

5章　「クリエイティビティ」をひらく　191

体験イベント等を開催するとともに（図17・4）、ツアー等で解説を加えながら巡る等、当初は、集合スタジオを中心に実施されていたが、その後、徐々に範囲を拡大し、第3〜4回目には、関内外エリアのみならず、みなとエリア、馬車道・関内エリア、石川町エリア、下町エリア、横浜道エリア、うらよこエリアと六つのエリアに分けて、各エリアごとにまとまった公開を開催する等、

「創造界隈」を意識して行われていた。その後、参加組数が増加してくると（初回は34組→第5回目で約200組の参加、44箇所以上の施設公開）、単に公開するだけでなく、どのような形で、発信・浸透していくか、毎回、議論しながら進めており、例えば、第3回目からは、「Design Pitch（デザインピッチ）」と呼ばれる、異業種のクリエイター同士が10分間で自分たちがやっていることを

図17・3　関内外OPEN! のチラシ（第3回〜6回）
横浜都心部に集まるクリエイター・デザイナーを中心とした関内外OPEN! では、作成されるチラシも、各回で異なるデザインの施されたモノとなっている。（第8回はFLASH映像が作成されている）（提供：関内外OPEN! 連絡協議会／アーツコミッションヨコハマ（公益財団法人 横浜市芸術文化振興財団））

図17・4　オープンスタジオ（左）とランドスケープ事務所のスタジオオープンでのプレゼンテーションの様子（右）

プレゼンするイベントも企画・実施している。ファッション・アート・建築・舞踏等多様な分野のクリエイターのみならず、横浜市行政職員までが参加し、クリエイティブなプレゼンテーションが行われた。近年では、単に参加者数や見学者数を増やすことだけでなく、「コト」を起こすことが重視され、各スタジオでのワークショップやトークイベントに力をいれたり、「Open Meeting!都市デザイン」と称して、横浜市と協働して公開イベントを実施したりと、回によって、コンセプトやあり方、企画内容には異なる工夫が込められている。第8回目を迎えた2016年では、アトリエ公開数は限定し、むしろ、公共空間・外部空間(関内さくら通り)の活用を、クリエイティブな方法で試みる「道路のパークフェス」が実施され、ピクニックや講演イベント、Open Wedding等が実施されるなど、回を重ねるごとにクリエイティブで多様なひらき方が埋め込まれるようになってきている(図17・5)。

*1 BankARTは、横浜市が推進し、アートNPO(NPO法人BankART1929)が運営する創造界隈拠点活用事業である。事業開始当初は、旧第一銀行横浜支店(BankART 1929 yokohama)・旧富士銀行横浜支店(BankART 1929馬車道)等、銀行建築(Bank)を用いて芸術活動(ART)の実験的プログラムを実践した。現在ではBankART studio NYK(旧日本郵船横浜海岸通倉庫)に拠点を移して活動している。

開催地 横浜市都心部(関内外エリア等)

資源公開数 170組(第4回:2012年)

予算 約250万円(第8回。各スタジオの個別予算は除く)

来訪者数 延べ2643人(第8回)

開始年 2009年

2016年現在の回次 8回目(2016年)

運営組織(主催) アーツコミッション・ヨコハマ(公益財団法人横浜市芸術文化振興財団)、および各参加スタジオ(第8回)

図17・5 道路を占用して行う道路のパークフェスでの活動の様子

5章 「クリエイティビティ」をひらく 193

NPO法人たいとう歴史都市研究会が運営する平櫛田中邸の様子。芸工展開催当日は、まちじゅうを展覧会場と見立て、さまざまな場所が展示・発表の場となる

18　芸工展と谷根千
―― 東京都台東区・文京区

〈芸工展〉は、毎年10月頃の2週間ほど、谷中・根津・千駄木・上野桜木・池之端・日暮里界隈等のエリアを対象に、「まちじゅうを展覧会場」と見立てて、まちに愛着をもつ作家・職人やまちの人々が、自分たちの作品や成果を発表・展示・販売する、地域文化の再発見イベントである。〈オープンハウス・ロンドン〉(ロンドン、事例1)が初めて開催された年とほぼ同時期の1993年に始まった、日本でも先駆的なこの取組みは、2016年で24回目を迎え、100件近くにおよぶ箇所が同時公開された。

谷根千とまちづくりの展開

下町的な空気感あふれるエリアから、お屋敷町や寺町の落ち着きある空気感まで、多様な雰囲気が魅力の「谷根千」と呼ばれるエリアは、歴史的に見れば、必ずしも常に一体的な地域というわけでもない。上野台地と本郷台地という二つの台地に挟まれたこの地域は、寛永寺建立以来、あるいは、明暦の大火を契機に続々と寺院が集まってきた場所である。現在でも谷中霊園を中心に静謐な空間が広がる寺町エリアである「谷中」、根津神社の門前町を核としな

がら、旗本の屋敷地等が広がっていた「根津」、そして、かつては江戸の外の農村地帯と郊外部の台地に設けられた武家屋敷とが広がり、近代以降にも文人も多く住みついた邸宅地である「千駄木」という、それぞれ異なる性格を有する三つの街からなる。現在の行政界としても二つの区(台東区・文京区)にまたがるエリアであるが、戦災の被害を大きく被ることなく、下町情緒あふれる密度の高い空気感が受け継がれてきた地域も含まれており、愛染川・不忍通りを谷底としたいわば、渓谷のような地形が生み出す一体感を感じられる場所も散りばめられた、魅力的なエリアである。

そんななか、地域に暮らす主婦、森まゆみ・山崎範子・仰木ひろみ・つるみよしこが立ち上げた「谷根千工房」から、地域情報雑誌『地域雑誌 谷中・根津・千駄木』(通称「谷根千」、1984年～)が創刊されると、これによって「超界隈」とも呼べるまとまりが顕在化することになり、行政界を超えた新たな地域性が広がっていった。この雑誌は、その後全国各地で誕生した「リトル・マガジン」のお手本となり、こうした地域への目線をとおした地域環境やまちづくりに対する意識関心も高まりを生んだ。

80年代後半には、東京藝術大学大学院による「戦前のすまいの調査」等をとおして、地域の歴史的資産の保全調査等が行われると同時に、藝大修了生や建築や都市計画を学ぶ学生、地域住民有志を中心に、市民団体である「谷中学校」が設立され(1989年)、地域主体でありながら、ソフト・ハード両面からのサポートが可能となった(図18・1)。しかしながら、専門家が押し売り的に提案を促すのではなく、地域が自らまちを見つめ直すきっかけづくりが必要であり、その方法が模索されていた。

芸工展の誕生と運営

芸工展初回は、1993年5月、江戸期の質屋店舗および大正期の土蔵を改装したギャラリー「すぺーす小倉屋」のオープン記念の展覧会として開催された。谷中学校では、まちの生活文化、自然や地形、街並み等の調査研究、歴史的建造物の保全再生提案を行っていたが、

図18・1　かつては谷中学校の拠点であり、芸工展時には拠点としても使われていたこともある香隣舎

同時に、「まちから学んだことを、まちへ返していく」の精神を基に、「まちの人が主役になる場」となるように、ま

図18・2　NPOが管理している拠点施設で開催された書道とアートのコラボ

ちの人々の作品を展示する〈谷中芸工展〉を始めた。第2回目(1994年)から、〈谷中芸工展〉は、作家や芸術家による作品のみならず、地域に根づいた職人技、そして、このまちに息づいた生活文化そのものが作品であるという考え方を基に、「まちじゅうが展覧会場」をキーワードに、谷中界隈全体を会場とする取組みに発展した(当初は〈谷中芸工展〉と呼ばれていたが、2008年より〈芸工展〉となった)。当時、同時期に始まった、住民主体のオープンハウス型アートイベント〈葉山芸術祭〉(神奈川県葉山町ほか)も横目に見ながら始

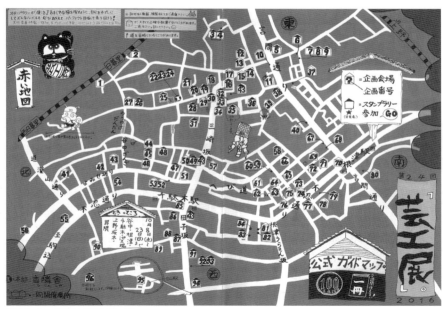

図18・3　芸工展2016マップ
芸工展2016に参加している店舗・工房・ギャラリーなどが味のある手描きの地図に掲載されている。(提供：芸工展実行委員会)

まったこの方式は、プロアマ関わらず有している生活の「技術」に生で触れるべく、地域で現在でもモノづくりを行う職人の工房のほか、まちなかに点在するアーティストのアトリエやギャラリー、そして、住民による自宅の一室を用いた展示・販売、そしてワークショップや体験イベントの企画が同時多発的に展開されている（図18・2）。また、毎年特徴的なガイドマップも作成され、回遊イベントに色を添えている（図18・3）。

芸工展の様子

運営に関しても、当初は谷中学校等の関係者（藝大の学生や助手等）数人を中心に、運営者側から出展を依頼していたが、数回目からは、実行委員を公募し、参加者・来訪者・まちの人々・実行委員等の区分なく、芸工展が「フラットなプラットホーム」としてまちをつなぐことを目指して、関係者の自主性や絆を大切にしたオペレーションが展開されている。毎年、その都度立ち上げられる実行委員会は、メンバーも入れ替わり、毎回あるべき姿を模索しながら、方向性を更新している。

出展者もさまざまである。地域に点在するギャラリーやカフェを用いた展覧会や、昔ながらの職人工房はもちろんのこと、地域資産を改修活用した施設、なかには、もともと改修されているマンションの一室を「いえびらき」のようにして参加している家庭、絵画や作品を玄関前に飾る家庭等、一般の地域住民の参加も見られる。（図18・4、図18・5）

図18・4 歴代芸工展で製作される暖簾を並べる軒先

図18・5 地域住民も軒先で展示に参画している（手毬の展示）

5章 「クリエイティビティ」をひらく　197

大きなイベント会場もなく、大きな広告もしていないが、参加者一人ひとりが役割を担い、場所を探し、情報発信しており、インパクトに対してあまり運営費をかけることなく、各自が自立して取組んでいる。

ストック活用による重層的な魅力創出

1997年には、美術館や博物館が集まる上野公園と、隣接する谷中、根津、千駄木地域で拠点に活動するするギャラリー等をアートでつなぐイベント〈art-Link上野谷中〉が始まり、芸工展も含めた重層的な連携が生まれている。地域では、ほかにも〈一箱古本市〉〈谷中菊祭り〉〈谷中まつり〉〈根津・千駄木下町まつり〉等、いくつものイベントが開催されているが、これらとのさまざまな連携が行われている。

また、ストックマネジメントという意味でも、多様な展開が生まれている。1993年には、200年の歴史をもつ銭湯柏湯がアートギャラリー「SCAI THE BATHHOUSE」へと再生された。2000年には、以前から歴史文化を育む活動に参加してきた地域住民と藝大の建築・保存修復に関わる教員・学生により、歴史的資産である市田邸の借り受けを契機に、NPO法人たいとう歴史都市研究会が設立された。清掃や地域活動をしながら市田邸の維持管理を実施したほか、旧平櫛田中邸（元アトリエ付住宅）、カヤバ珈琲（戦前からの喫茶店の再生）、「間間間（さんけんま）」（旧文具店をシェア空

図18・6　元下宿アパートを改修してクリエイティブな拠点となったHAGISO

間へ）、近年では、旧社宅である木造建築を活用した複合施設「上野桜木あたり」をオープンする等、いずれも、地域の空気を生みだしながらも、担い手や今後が見えないなかで空き家化していた資産に自分ごととして関わり、オーナーとの絆を築き上げながら、再生を実現している。こうした活動が実を結んでか、界隈では、リノベーションと呼ばれる地域資産の改修型再生、特に、接地階・路面沿いの1階を中心とした改修が広がっており、地域じゅうにまちを楽しむ仕掛けが埋め込まれている。

　そして、芸工展以外にも、さまざまな取組みが多層的に重なり合っているのがこの地域の特徴であるが、特に、谷根千エリアの地域性に大きな影響を与えている存在の一つとして、東京藝術大学がある。以前から芸術家やクリエイターの卵である藝大生のための下宿屋として使われていた家も多く見られ、住まいがまちにひらかれるイメージは、この時から育まれていたのかもしれない。そんななかで、近年行われたリノベーションプロジェクトの一つに、「HAGISO」がある（図18・6）。かつては藝大生等が集まった下宿アパート「萩荘」は、老朽化し、空き家になっていた。そこを新たにシェアハウスとして藝大生が住み始めたのだが、所有者としては、アパートを解体して駐車場にしようという方針だった。そこに当時居住していた宮﨑晃吉氏から、改修活用の提案がなされ、2013年より「最小文化複合施設」を掲げ、ギャラリー・カフェ・アトリエ・事務所等として活用されている。最近では、別の木造建物を宿泊可能な「hanare」というリノベーションプロジェクトを実施し、食堂や銭湯は町内の店を案内して、HAGISOはフロントとしてのみ、機能させることで、まちぐるみで観光体験を提供する新しい展開を見せている。

　こうして、谷根千およびその周辺エリアでは、芸工展による、手でものをつくることを通じたまちと人とのつながり、そして、資産活用をとおした、地域でそれぞれ展開される多様なハード・ソフトのまちづくりが重なり合った結果、魅力ある地域活動が重層的に広がっており、それぞれ、まちをひらく取組みとして、さらなる展開が望まれている。

開催地　谷中・根津・千駄木・上野桜木・池之端・日暮里界隈

資源公開数　約96箇所（2016年）

予算　約90万円（2016年実績）

来訪者数　約5000人（2016年）

開始年　1993年（芸工展開始年）

2016年現在の回次　24回目

運営組織　芸工展実行委員会（各年で組織）

歴史的町並みの一角にある民家がアート作品の展示場所となっている

19 金沢クリエイティブツーリズム
――石川県金沢市

「創造都市・金沢」のアート資源の発掘や活用、そして、その魅力を県内外に発信することを目的に、海外事例等も参照しながら2010年に始まったのが、〈金沢クリエイティブツーリズム(通称：金沢クリツー)〉である。アトリエ・スタジオの一斉公開「オープンスタジオデー」をはじめ、来訪者とアーティスト・デザイナーをマッチングするオーダーメイド型・レディメイド型の各種ツアーが行われてきた。

創造都市・金沢

金沢漆器、加賀友禅、九谷焼等伝統工芸に秀でた町として知られてきた金沢において、2004年に開館した「金沢21世紀美術館」のインパクトは大きい。現代アートへの興味関心を喚起し、「まちに開かれた公園のような美術館」というコンセプトどおり、まちとアートの関係の再構築を提起してきた。くわえて、金沢市は2009年に、世界百数十都市から構成されるユネスコ創造都市・ネットワークへクラフト(工芸)分野で登録され、海外からもアートに対

する関心を集めている。

こうしたなか、2010年にNPO法人金沢クリエイティブツーリズム推進機構が設立され、金沢クリエイティブツーリズムが始まる。「クリエイティブツーリズム」とは、ユネスコの創造都市ネットワークのなかでも重視されている概念で、「訪問者が積極的な参加や訪問地特有の体験学習を通じて潜在的な創造性を発達させる機会を提供する観光形態」であると提唱者グレッグ・リチャード氏(ニュージーランド)によって定義されている。

金沢では、カナダ・ブリティッシュコロンビア州のソルトスプリング島やアメリカ合衆国ニューメキシコ州のサンタフェでの先行事例を参照しつつ、市内に点在しているアーティストや工芸作家のスタジオやアトリエ、近代建築や町家・茶室等、文化的なスポットを巡りながら、「滞在型観光」の試みとして独自の形態をつくり上げてきた。

推進体制と提供プログラム

金沢クリツーの中心メンバーは、大学教員、建築士、デザイナー、地域プランナー等7〜8名で構成され、企画会議を月1回で開催し、企画、ツアーガイド、広報活動等を担っている。拠点は、事務局機能を委託し、デザイン面等で協力関係にあるNPO法人金沢アートグミが入居する近江町市場に隣接する北國銀行武蔵ヶ辻店3階の金沢アートグミギャラリーとしている。

運営資金としては、立ち上げ時に文化庁の助成金を獲得したほか、近年は民間からの研究助成を部分的に活用している。

金沢クリツーの基本的なプログラムは、「オープンスタジオデー」「アトリエ建築訪問」「アートコンシェルジュ」の三つから構成される。オープンスタジオデーは、決められた期間内に、市内のアーティストのアトリエ・スタジオを一般に一斉公開するものである。アトリエ建築訪問は、不定期に企画され、スタッフが厳選した複数のスタジ

図19・1　金沢クリエイティブツーリズム2011のガイドブック

5章　「クリエイティビティ」をひらく　201

オ・アトリエ、またはギャラリーをガイド付きで半日程度巡るものである。アートコンシェルジュは、参加者の要望に応えて、スタッフが訪問するアーティストやアトリエ・スタジオを選定し、コースをアレンジするもので、参加者は各自で移動する。

このようなプログラムを実施するためには、金沢クリツーの趣旨に賛同し、公開対象となるアート資源がどこに存在するのか、把握しておく必要があるが、2013年3月に発行された活動記録誌には、アーカイブとして、アーティスト、建築、店舗の48箇所が記載されている（図19・1、図19・2）。

「オープンスタジオデー」：アトリエ・スタジオの一斉公開

金沢市内多数存在する小さな工房、アトリエ・スタジオを対象に、普段は見ることや、入ることのできない施設が一般に開放され、参加者は予約不要で自由に見学することができるプログラムが、「オープンスタジオデー」である。このオープンスタジオデーは、金沢クリツー開始当初から行われていたものであり、2010年10月16〜17日の2日間実施された第1回では、9件が公開された。翌年第2回では20件、その後、回を重ね、2015年は、8月と11月に計3日実施されたオープンスタジオデーで

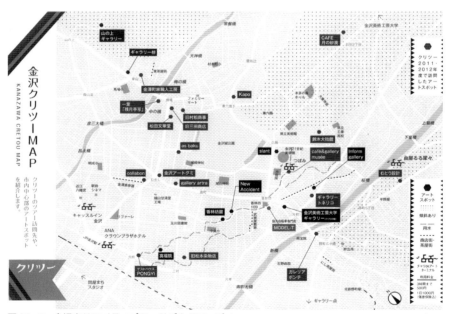

図19・2　金沢クリエイティブツーリズムのマップ　（図19・1、2、3共に提供：NPO法人金沢クリエイティブツーリズム推進機構）

10ヶ所を自由に巡れる1000円のパスポートを販売した（図19・3）。

オープンスタジオデーは、訪問者にとってはアーティストやアート作品に触れ合う貴重な機会となり、一方アーティストにとっては、作品について自ら説明する喜びを得たり、あるいは目利きの批評家からのフィードバックを得られる機会になっている。また、参加アーティスト同士のネットワークを強化するという役割も担っており、イベント終了後には、意見交換会（クロージングパーティー）が開催されることもある。

ゲストハウスと連携した金沢クリツーの展開

金沢クリツーにとって、2016年3月に開業したゲストハウス「HATCHi」は、大きなチャンスとなっている（図19・4）。元仏壇店のビル1棟をまるごとリノベーションした。HATCHiが工芸やアートとの連携や地元のアーティストの育成を重視していること、一方、金沢クリツーが滞在型観光を目指し、もともと宿泊施設との連携を模索していたことから、開業前から両者の協働が期待されていた。

現在、金沢クリツーが企画するまち歩きのツアーの発着地点として利用さ

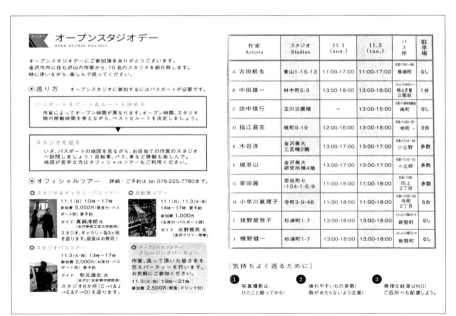

図19・3　金沢クリエイティブツーリズムのスタジオデー（2015年）

れていたり、また宿泊客がそのままツアーの参加者になっていたりと、徐々に連携を始めている。

今までアートコンシェルジュとして行ってきたオーダーメイド型のツアーに関して、「まちあるき味見コース」や「アトリエ探検コース」等を設定し（ともに発着地はHATCHi）、オンラインでの問い合わせを可能とし、より一般ユーザーを意識したサービスの提供も始めている。

開催地 石川県金沢市
開催規模（公開数） 10ヶ所（2015年、オープンスタジオ時）
予算 約32万円（2015年） ※ガイドツアーやアートコンシェルジュ事業全体予算
来訪者数 約250人 ※ガイドツアー参加者
開始年 2010年
2016年現在の回次 5回
運営組織 NPO法人金沢クリエイティブツーリズム推進機構

図19・4 ゲストハウスHATCHiのロビー

6章 「レガシー」をひらく

　日本の各都市には、建造物や、絵画、彫刻、工芸品、書跡、典籍、古文書、考古資料、歴史資料等のさまざまな有形文化財が残され、国や都道府県、市町村による指定・登録も進んでいる。所有者は、自治体だけでなく、寺社仏閣、企業や個人等多岐にわたり、普段は公開されていないがゆえに、その存在が見過ごされてしまうことも多い。

　文化財保護法の第4条には、「文化財の所有者そのほかの関係者は、文化財が貴重な国民的財産であることを自覚し、これを公共のために大切に保存するとともに、できるだけこれを公開する等その文化的活用に努めなければならない。」と謳われている。〈足利の文化財一斉公開〉（事例21）や〈常陸太田市指定文化財集中曝涼〉等では、自治体が指定文化財等の貴重な文化財を一斉に公開するイベントを開催している。

　ヨーロッパ各国では、欧州評議会のイニシアティブによって1985年から、普段は入れない歴史的建造物も無料で一斉公開となる〈欧州遺産の日〉（事例20）が開催されてきた。

20　**欧州遺産の日**（パリ・ブリュッセル）

21　**足利の文化財一斉公開**（栃木県足利市）

22　**ぎょうだ蔵めぐりまちあるき**（埼玉県行田市）

20　欧州遺産の日
——パリ・ブリュッセル

イギリス・グラスゴーの欧州遺産の日に大聖堂の中で解説を聞く人々

　毎年9月の週末になると、欧州の各都市で〈欧州遺産の日（European Heritage Days）：以下、EHD〉が開催される。普段は入れない歴史的建造物も無料で一斉公開され、市井の人々が街に繰り出し、建築や都市について語り合う姿が見られる。

歴史的変遷・理念
　EHDの祖形は、1984年にフランスで開催された「Journée Portes Ouvertes（一般公開日）」というイベントである。

当時の仏文化相ジャック・ラングが、1985年10月3日にスペインのグラナダで開催された建築遺産担当大臣会議において、このイニシアティブを欧州全体に広めることを提唱した。これを受けて、オランダ、スウェーデン、マルタ、ベルギー、デンマーク、スコットランド、トルコでも開催されるようになった。このような着実な歩みに後押しされ、欧州共同体委員会・欧州文化基金・オランダ政府から財政援助を受けて、欧州評議会が1991年にコーディネート・オフィスを設立した。

206　II部 事例編 各地のオープンシティ・プログラム

このオフィスは、各国が建物公開日を導入することを手助けしたり、各国のイベントの情報を集め、情報や経験の共有を促す役割を担った。オランダやベルギー、ポルトガルにある財団が数年ずつ事務局を歴任したのち、2008年から欧州評議会が直接コーディネートするようになっている。

　創設のきっかけをつくったジャック・ラングは、2010年に、「モニュメントの扉を開いて人々を招き入れ、歴史や文化遺産を発見する好奇心を育てるというコンセプトがシンプルで魅力的であること」、「かた苦しさがまったくなく、すべての人が楽しめる機会であること」を、EHDが25年継続されてきた理由としてあげている。

　そして、「友人や家族と、歴史について語り合う機会を提供する。これこそがEHDの大事な点である」と述べている。文化や文明が激しくぶつかりあった歴史を背景として欧州は統合を進めてきた。しかし、時とともに忘れ去られてしまう対立もある。建物に刻まれた歴史から、欧州の複雑さや連続性を再認識することも、EHDは担っているのだ。

　欧州の多様性ゆえ、公開される建物の基準等は定められておらず、EHDが従うべき原則は緩やかである。

・9月の週末に開催する。
・通常公開されていない建物を一般市民が訪問できる。通常公開されている建物でも、普段とは違うプログラム（特別ガイドツアー、展示、コンサート等）が計画されていれば、プログラムに含めることができる。
・できる限り無料公開とする。有料の場合は通常公開時より安くする。
・広く一般市民、特に若者や学生が参加できるアクティビティを開催する。
・すべての参加国は「European Heritage Days」というタイトルを掲げることが求められる。ただし、1991年以前に違う名称で同様のプログラムを始めた国はEHDの枠組み内で行われていることを明示する。
・EHDのために発行される全発行物にEHDと欧州評議会、欧州委員会のロゴが使われなければならない。

図20・1　公開建物に掲げられたEHDの旗

6章　「レガシー」をひらく　207

・イベント期間中、EHDの旗を全公開建物に掲げる（図20・1）。

EHDを支える運営体制

EHDは欧州文化条約締結国50か国で開催されており、欧州連合に加盟していないスイス、ロシア、トルコ等や、欧州評議会に加盟していないカザフスタン、ベラルーシ、ローマ教皇庁も含まれている。

欧州評議会は、財政的・物的・人的支援は行っておらず、すべての開催国の情報が掲載されるHPや、年1回開催される情報交換会議等を通じた助言によって、各国のコーディネーターを支援している。

各国の主催団体は、中央省庁のケースが多いが、民間団体のケース（イングランド）もある。後者の場合、国からの補助金だけでなく、スポンサーからの支援も受けながらEHDを運営している（図20・2）。

各国は毎年テーマを定め、各都市はそのテーマに沿う建物を多く公開する。例えば、フランスの第33回EHDは、「隠された遺産」をテーマとして2012年9月の2日間に開催され1万6000件の歴史的建造物や景勝地が公開され、1200万人が訪問した。

ベルギーでは、国を介さず、地域政府（ブリュッセル首都地域、フランデレン地域、ワロン地域）ごとにイベントが束ねられており、ベルギー・ブリ

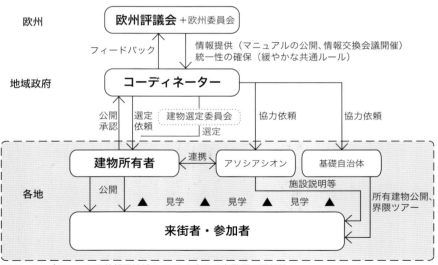

図20・2　ブリュッセル首都圏地域のEHDを支える各階層の関係性

ュッセルでは、首都地域政府が政策との関連でテーマを決めている。

開催規模について2012年のデータを見てみると、ドイツでは、約8000件が公開され、450万人以上が訪問した。リヒテンシュタインでは、1件だけ公開され、100人が訪問している。予算規模も、0(アイスランド)から200万ユーロ(イタリア)まで、国によってさまざまである。

公開建物は、主催団体がテーマに沿って選定するケース(ベルギー・ブリュッセル)と、参加希望者が期日までに応募するケース(イングランド)がある。

日常生活の延長にある建物公開(パリ)

パリではテーマにあわせて新たに公開される建物だけでなく、毎年公開されている建物も多い。そのため、公開建物ごとに、公開のノウハウが蓄積されているようだ。

例えば「パリ市庁舎」は、2日間で1万2000人が訪れた人気物件である。議会や市長室等、普段一般人が足を踏み入れることが出来ない部屋が公開されるだけでなく、そのコンテンツも人気の要因だろう。2階の大広間では、床板補修人や、錠前屋、掃除屋、フラワーアーティスト等がブースを構える。1882年に建設された建物は、毎日多くの人々が利用するため、きちんとメンテナンスをしないとガタが来てしまう。それを防止するために使われている技の数々が、日常から働いている人々によって実演も交えながら説明しているのだ(図20・3)。

また、市庁舎の職員たちが自ら建物の随所に立って案内や警備をしており、プロの警備会社のガードマンとは違った温かいもてなしをしている。

「国鉄リヨン駅」は、事前予約制で、20名程度のグループでまとまって移動、見学、解説をうける。受付係とリヨン駅の時計塔の解説係も、フランス国鉄の従業員によるボランティアだ。「マリー・トゥッシェの家」と「暗渠給水管の出入り口」は、普段からその維持・保存活動に携わり、調査研究も行なっているアソシアシオン(民間非営利団体)が各々ガイドツアーを行っていた。

図20・3 市庁舎をメンテナンスしている職人による説明

6章 「レガシー」をひらく 209

建物から街への広がり（ブリュッセル）

2012年のブリュッセルでは、「建築術」というテーマに沿って、旧市街地内で28軒、首都圏域で83軒の建物が公開され、その多くがガイドツアー等による解説付きだった（図20・4）。

筆者が参加した公開建物のガイドツアーは1874年に建設された模範小学校の建物が再利用された高等専門学校「コールマン学院」と、20世紀初頭に運河沿いに建設された貨物集配場や鉄道、税関の混合施設「トゥール・エ・タクシー」だ。どちらも、建物自体の説明だけでなく、建物が建設された時代の都市問題や都市改造から、建物の周辺地区の変化まで解説され、時には、地区の将来像にまで話がおよんだ（図20・5、図20・6）。

建物ガイドツアーやバスツアー、徒歩ツアー、展覧会等、建物公開にプラスαのある活動は、アソシアシオンが有償で行っている。このようにEHDに携わっているアソシアシオンの数は60近い。EHDをきっかけとして市民の歴史的建造物への関心が高まり、「アールヌーボー・ビエンナーレ」のように、歴史的建造物の公開イベントが増えたり、日常的に歴史的建造物のガイドツアー等を行うアソシアシオンが年々増えたりと、好循環が起きている。

図20・4　パンフレットの中身は建物の柱やトラスなどワザに焦点があたっている（出典：ブリュッセル観光局HP）

図20・5　「コールマン学院」が面する大通りの歴史を説明するスタッフ

図20・6　運河とトゥール・エ・タクシーの関係を説明するスタッフ

また、2003年からEHDが開催される週末の日曜日にカーフリーデーが開催され、多くの人々が自転車やローラースケート、徒歩で街に繰り出すようになった（図20・7）。

　EHD関連のイベント以外にも、普段は行われていない場所でフリーマーケットが開催されていたり、運河地区のお祭りが行われていたり、EHDをきっかけとして、街の至る所でイベントが行われ、盛り上がっている。

開催地　欧州文化条約締結国50か国

開催規模（公開数）　1万7000軒（2016フランス）、97軒（2016ブリュッセル）

予算　不明（フランス）、22万5000ユーロ（2012年、ブリュッセル）

来訪者数　1200万人（フランス）、2000万人（欧州全体）

開始年　1984年（フランス）、1989年（ブリュッセル）

2016年現在の回次　33回（フランス）、28回（ブリュッセル）

運営組織　文化省（フランス）、ブリュッセル首都地域政府（ブリュッセル）

図20・7　EHDとカーフリーデーが同時開催され、にぎわう中心部の様子

6章　「レガシー」をひらく　211

21　足利の文化財一斉公開
——栃木県足利市

下野國一社八幡宮拝殿で大絵馬について解説するスタッフ

歴史都市、足利の文化財

　足利市内には、数多くの古墳や、日本最古の総合大学といわれる足利学校、室町幕府を創設した足利氏ゆかりの館跡である鑁阿寺等、貴重な史跡が残されている。

　国・県・市の指定文化財が438件、国登録文化財が50件で、現存する文化財は日光市に次いで栃木県内で2番目に多い。しかし、その多くが普段は非公開で、特別開帳等の機会を除いて拝むことはできず、一般市民にとって、存在は知っていても縁遠い存在だった。

「一斉公開」の始まり

　足利市では「文化財一斉公開」が開催される以前から、〈足利市文化財展〉(1967年および1989年)、〈文化財めぐり〉(1966年～2002年まで毎年)、〈郷土芸能大会〉(1973年～)等の取組みが行われていた。

　また、2000年6月20日には「足利市は多くの古墳・足利学校・鑁阿寺をはじめとする歴史的遺産があり、足利市の歴史・文化を後世に伝えていくことが私たちに課せられた使命である…個性豊かな魅力あるまちづくりを進める」と

いう歴史都市宣言が出された。

　しかしながら、足利市民自身が足利の文化財をよく知らなければ、文化財自身を後世に継承することはできないだろうと、2006年11月の4日間、普段は非公開の仏像や絵画を一斉に公開する〈足利の文化財一斉公開〉が初めて開催された。

　新聞記事によると、その際には、知恩院や西本願寺等の神社・仏閣が全面協力する京都市の「非公開文化財特別拝観」が参考にされたという。

　公開場所39か所、公開文化財数105件、参観者数は1万2275人と好評で、以来、毎年11月下旬の週末に開催され、11月23日には足利学校で行われる伝統行事「釋奠(せきてん)」、それにあわせて足利学校と周辺で開催される「足利学校さままつり」とともに、秋の恒例行事になっている。

11年間の変遷

　開催日数は当初は4日間だったが、3日間、2日間と徐々に短くなり、2010年から2日間に縮まった。参観者数は、天候にも左右されるが、近年では2万人前後、公開する文化財は、毎年4月に教育委員会から市内指定文化財所有者に送付する事業実施協力依頼アンケートによって、所有者の意向を確認して決めている。

　11回目となる2016年は、11月の2日間、市内63ヶ所において、国指定文化財7件、県指定文化財20件、市指定文化財102件、国認定重要美術品4件、国登録文化財10件、合計143件が公開された。種別ごとに見ると、絵画8件、彫刻26件、書跡5件、工芸品11件、考古資料22件、歴史史料2件、建造物37件、無形文化財1件、民俗文化財7件、史跡13件、天然記念物11件、名勝地2件で、多岐にわたる。公開場所は足利学校周辺や中

図21・1　目印の紫紺色ののぼり

図21・2　公開の様子

6章　「レガシー」をひらく　213

央部だけでなく、南東部、北部、西部、南部と、市内の広範囲におよぶ。

各文化財公開場所には、目印として紫紺色ののぼりが立てられている(図21・1、図21・2)。会場ではボランティアガイドの説明や、文化財に関するA4の説明書も用意されており、参考書が理解を深めたり、後から振り返る工夫が施されている(図21・3)。

そのほか、周辺の自治会の方々が受付や説明、甘酒のふるまい等をボランタリーに行っている場所もある。

市の中央部では、JR足利駅、東武足利市駅、草雲美術館等をまわる無料巡回バス「ぐるワンバス」が、一斉公開に合わせて運行される。バスガイドは新規採用職員をはじめとする市職員がつとめ、彼ら自身が市の歴史や文化を学び、伝える、貴重な機会にもなっている(図21・4)。

松村記念館【大門通】

足利の文化財 一斉公開

■松村家住宅［主屋・内蔵・表門　計３棟］

建物はいずれも大正１４年に４代松村半兵衛が建てたものです。

主屋は四つ間取りの座敷３方向に廊下を廻し、天井を高くし、欄間をおくなど、大正から昭和にかけての洒落た市街地和風住宅の特徴が見られます。内蔵は、地下１階、地上２階の３層構造となっています。築地塀に囲われた屋敷内は、樹木や灯籠、手水、石組等で趣のある内庭を構成しています。

主屋…木造２階建、入母屋和瓦葺、建築面積 300 ㎡（90.86 坪）
内蔵…木造２階建地下付、切妻和瓦葺、建築面積 21.16 ㎡（6.40 坪）
表門…木造平家建、切妻和瓦葺、建築面積 3.05 ㎡（0.92 坪）

〔平成１５年３月１８日・国登録〕

図21・3　各公開場所で配布される説明書（提供：足利市教育委員会）

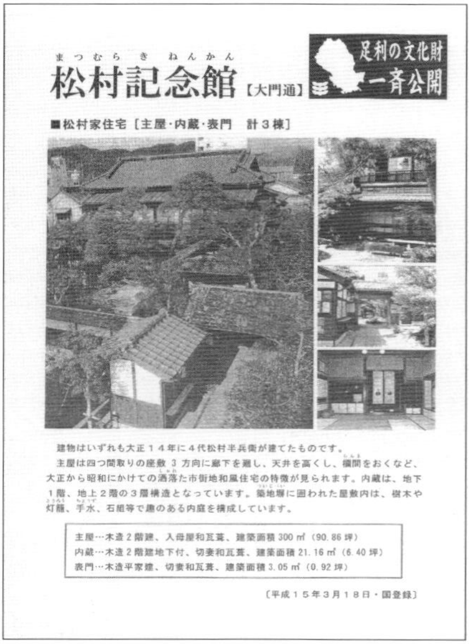

行政職員の努力

文化財一斉公開の主催者は足利の文化財一斉公開事業実行委員会と足利市教育委員会である。実行委員会は、学識経験者や文化財所有者からなる。開催前に開催される会議では、事務局が準備した開催内容を議論し、承認する。

足利市教育委員会の職員は、先述の所有者の意向確認から、実行委員会の事務局、パンフレットやマップのデザインまで手掛けている(図21・5)。

また、一斉公開の当日は、各公開場所の参観者に感想等を訪ねるアンケー

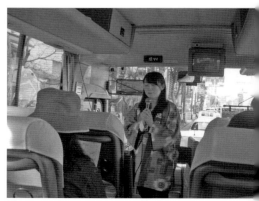

図21・4　ぐるワンバスのバスガイド

トが行われているが、教育委員会の職員はそれらの意見をきちんとまとめて、各公開場所にフィードバックしている。

「文化都市の住民としての誇り」

「知っていますか？私たちの身近には、たくさんの文化財があるのです」。

2012年のパンフレットの表紙に書かれた言葉である。毎年、市外からも大勢の観光客が一斉公開に訪れるが、この言葉からも分かるように、足利市民に自分が住んでいるまちの特徴や魅力を知ってもらうこと、そして、自分の住む町に誇りをもってもらうことが、イベントの目的の一つである。

一斉公開が始まった2006年当時の吉谷宗夫市長は「足利市民は、文化都市の住民として誇りをもっていいかと思う。あらためて、市内の文化遺産を見学して、思いを深めていただきたい」と、その思いを綴っている。

多種多様な市民の協力

このイベントは、文化財の所有者や管理者、多世代にわたるボランティア等、多数の市民の協力を得て成り立っている。

ボランティアは、各公開場所で説明

図21・5　市教育委員会職員がデザインをてがけたパンフレットの表紙と足利学校周辺の文化財公開マップ　（出典：足利市教育委員会資料）

6章　「レガシー」をひらく　215

員として立つスタッフや、受付誘導する中高生スタッフ等さまざまで、2016年は、一般ボランティア54名（25ヶ所）、高校生ボランティア9名（7ヶ所）、中学生ボランティア74名（17ヶ所）、小学生子どもガイド8名（3ヶ所）だった。

説明員のボランティアスタッフは、8月から10月にかけて開催される「文化財案内ボランティア講座」（全6回程度）の受講生である。ボランティア活動や文化財に関する講義を受講したうえで、各自、公開場所の文化財について独自に勉強して、当日に臨んでいる（図21・6、図21・7）。

小学生子どもガイドは、歴史と文化財の活用を目指す市民団体「あどもい」が主催、文化財をとおして郷土愛を育む活動をする「足利文化財パトロール隊」が共催し、2014年から行っている。2016年には、織姫神社（西宮町）、下野一社八幡宮（八幡町）、星宮神社（梁田町）の3ヶ所で、8名の小学5〜6年生が延べ150名に足利の歴史や文化財について解説した。

このように、多種多様な市民が、自分の住むまちへの理解を、さまざまな立場から深める場として、足利の文化財一斉公開は成長を続けている。

開催地　栃木県足利市
開催規模（公開数）　63ヶ所（2016年）
予算　70万8575円（内、市の負担額は43万1831円）
来訪者数　1万9735人
開始年　2006年
2016年現在の回次　11回
運営組織　足利の文化財一斉公開事業実行委員会、足利市教育委員会

図21・6　文化財案内ボランティア講座のチラシ
（出典：足利市HP）

図21・7　足利学校を案内するボランティア

22　ぎょうだ蔵めぐりまちあるき
―― 埼玉県行田市

蔵めぐりまちあるきの拠点となる「まちづくりミュージアム」

「日本一の足袋のまち」の足袋産業遺構

　行田市は、かつて「日本一の足袋のまち」として名をはせた。江戸時代中期(18世紀半ば)から農家の内職として足袋製作が行われるようになり、最盛期の1938年には、事業所約200社、8500万足を生産し、全国生産量の約8割を占めていたそうだ。戦時下の衣料繊維統制により、その生産量は大幅に減少したが、終戦後に再興された。しかし、洋装の定着やナイロン靴下の登場により足袋の需要は1955年頃に急速に減少し、1958年頃を境に足袋業者の廃業や転業がすすんだという。近年、生産量は年間250万足から300万足にとどまっている。かつて、足袋のまちとしての繁栄を支えた蔵や工場等の多くは使われなくなった。一方、幸か不幸か、都心から60キロ離れた行田市は、都市開発の大きな圧力にされることなく時がながれ、多くの足袋産業遺構が、行田のまちなかに残っていた。しかしながら、老朽化や相続を機に取り壊され、その数は年々減少していた。

　そんな行田のまちにおいて、2000年代初頭、足袋産業遺構の利活用が始ま

る。きっかけは、かつては足袋原料問屋の店蔵で、1980年頃から空き家となり、解体の危機に瀕していた「忠次郎蔵」だった。2000年度から、商工会議所、大学、行政、民間事業者が連携してこの建物の利活用案が検討され、商工会議所が借り受け、市の補助を受けて改修した。そして、店蔵の活用・運営とまちづくりを継続的に行うために、2004年3月、NPO法人「ぎょうだ足袋蔵ネットワーク」が発足、メンバーは当初は10名ほどだった。行田商工会議所の外に、建築士、行政職員、ものづくり大学職員、デザイナー、市内足袋製造企業等から構成された。

忠次郎蔵は2004年7月に手打ち蕎麦店としてオープンして以来、戸隠のそば粉を使った本格的なそばを楽しめる人気スポットとなっている（その後、NPO忠次郎蔵として、ぎょうだ足袋蔵ネットワークから独立した組織が運営している）。

「点から線へ、線から面へ」

ぎょうだ足袋蔵ネットワークの中心人物、朽木宏氏は建築家で、一度、都内の設計事務所に勤めてから地元に戻ってきた人物である。1970年代後半から、物置になったまま放置されていた市内で唯一の3階建て足袋蔵を、1階はギャラリーにもなるフリースペース、2、3階は自身の設計事務所に改装した。

朽木氏をはじめとするぎょうだ足袋蔵ネットワークの人々が考えていたのは、忠次郎蔵の活用実践することで、足袋蔵を活用する人々を増やし、「点と点を結んで線に繋げ、いずれは面としてまちづくりを発展させよう」ということだった。そのために、発足の翌年から〈ぎょうだ蔵めぐりまちあるき〉（以降、「蔵めぐり」）が始まった。

第1回目が開催されたのは2005年4月10日。開催目的は「行田市内に点在している足袋蔵等歴史的建造物を有効活用し、市民等に対し、コミュニティ形成の場として開放することで、起業家の発掘や幅広い人材とのネットワークづくりを行うこと」だった。具体的には、蔵の所有者の協力を得て、普段は非公開の蔵も含めた14棟の蔵の中で、紙細工、スポーツカー、ビーズ細工等の展示、藍染め体験、横笛演奏会等さまざまな催しを行い、市民や観光客がスタンプラリーをしながらそれを巡った（図22・1）。これは、朽木氏の言葉を借りると「もち主とそれを使いたい人の、要は、お見合い会みたいなもの」。のぼりをたくさん立ててにぎやかにして、多くの人々に来てもらう「イベント」が目的ではない。

期間限定で蔵を使ってインスタレーションをし、使い方を見せる。所有者と使いたい人、見に来た人が出合う場

所となる。また、古い建物や文化に興味のある人が見学に訪れ、建物の所有者に「よいですね」という言葉を残すことによって、所有者の価値観が変わる。そして、蔵の活用につなげていく。

　第1回目は、昔からのまちの中心部にある足袋蔵等の歴史的建造物のうち、使えそうなところに、NPOのメンバーと商工会議所のスタッフが一緒にお願いに行き、同意を得られた蔵が公開された。商工会議所のバックアップのおかげで、所有者の多くは最初から抵抗なく協力してくださったそうだ。

　以来、毎年開催され、2017年で13回目になるが、蔵めぐりに参加する蔵の数は16〜17軒、1回目からあまり変わっていない。所有者のなかには代替わりした息子さんが「余計なことをして注目されると面倒」等の理由で家財道具を入れてしまい、参加しなくなった例がある一方で、NPOの活動を知った所有者の方から参加をもちかけた例もあるそうだ。

無理のない範囲で、自分たちのやりたいことを

　第1回目は、隅々に次の「蔵は何番」という目印の札を立て、蔵めぐりがある程度オーガナイズされていた。しかし、そのために本業が別にあるNPOのメンバーの多くは、準備と撤収に相当な時間がとられてしまった。そこで、現在では、参加者は「足袋蔵まちづくりミュージアム」(2009年に足袋蔵を改装してオープン)で参加費(大人200円、小人100円)と引き換えに受け取ったスタンプラリーマップを頼りに、まちをぶらぶらと巡り歩き、自分で蔵を発見するスタイルをとっている(図22・2)。

　スタンプラリーマップにはボンネットバス乗車券、藍染体験料割引券、足

図22・1　「蔵めぐり」のスタンプラリー

図22・2　蔵めぐりを楽しむ人々

6章　「レガシー」をひらく　219

袋とくらしの博物館入場券等がついているほか、着物で参加した人は参加費無料となる。ただしボンネットバスが走るのでぜひ来てくださいというような宣伝はしないそうだ。むやみに参加者を増やすのではなく、古い建物や文化に関心をもちマップを手にした層のアンテナに自然に引っかかることが重要ということだろう。

蔵めぐりの企画内容等の議論は、ぎょうだ足袋蔵ネットワークの月例会で通常は3月から話しあわれる。開催中に、ほかの蔵の企画内容を聞かれることがあるため、4月には、出展者が集まる会もひらく。

蔵めぐり当日はマンパワーが必要なため、青年会議所の人たちが担当者として蔵にはりついて手伝いをする。

蔵めぐりのパンフレット印刷等の費用は、NPOの会費収入から出してきた。もし、資金提供や協力の申し出があっても、商業ベースの「イベント」ではなく、行田市民の価値観を変えるという目的をもった活動であるため、NPOの方針が縛られるような場合は受け入れない。

毎年の蔵めぐりのポスターやチラシ等の、印刷物は「たかが知れている」と思われたくないと、デザイナーに発注し、多くのチラシが並んでいても手に取ってもらいやすいセンスのよいものを目指している(図22・3)。

図22・3 「蔵めぐり」のチラシ（提供：NPO法人ぎょうだ足袋蔵ネットワーク）

参加者は、一般市民を中心に約700名。高齢の夫婦から小さな子ども連れの家族、市内にあるものづくり大学の学生グループまで、多様な世代が参加していた。特に、ものづくり大学は、設立の2年目から朽木氏が客員教授をしていることもあり、建設学科1年生（約180人）のオリエンテーリングの一環として蔵めぐりに参加しており、地元のまちを知る、よい機会となっている（図22・4、図22・5）。

足袋蔵の活用の拡がり

NPO設立から10年以上が経過した。この間に、牧野本店という足袋屋さんの足袋工場が「足袋とくらしの博物館」へ、栗原代八商店という老舗足袋商店の蔵が「足袋蔵まちづくりミュージアム」へ、昭和初期の旧足袋・被服工場が事務所兼住宅「藍染体験工房牧禎舎」に生まれ変わった。NPO以外の手によって足袋蔵が飲食店に改修された事例も少しずつ増えている。蔵めぐりをはじめとするNPOの活動により足袋産業遺構と使い手が出会い、その活用がまちにも波及していく。そんな動きが、ゆっくりだが、起きている。

参考文献
・朽木宏（2004）「行田市における近代化遺産を活用したまちづくり」鈴木浩 編著『地域再生：人口減少時代の地域まちづくり』日本評論社

開催地　埼玉県行田市
開催規模（公開数）　16軒（2016年）
予算　約20万円
来訪者数　一般市民等約700人
開始年　2005年
2016年現在の回次　12回
運営組織　NPO法人 ぎょうだ足袋蔵ネットワーク

図22・4　小川源右衛門蔵の外観

図22・5　保泉蔵の中の様子

6章　「レガシー」をひらく

あとがき

　2012年2月、町工場が集積する東京都大田区で工場を一斉公開する〈おおたオープンファクトリー〉の第1回が開催されました。筆者の野原と岡村はこれを提唱し、地元観光協会や工業会とともにこれまで企画運営に携わってきました。目指したのは、多くの人が町工場やモノづくりのまちに近づく機会を提供することであり、それにより地域価値としてのモノづくりを基盤としたまちづくりを進めるための情報を集め、関わる人の裾野を広げることでありました。7年間の取組みで、拠点施設の整備、区内のクリエイティブ人材との新たなネットワークの構築、あるいはこのような取組みを主体的に進める組織の設立という果実を得て、プロジェクトは大きく展開しています。また、この大田での試行錯誤と時を同じくして、日本各地で同時多発的にオープンファクトリーが地域振興、産業振興、地域ブランディング等を目的に開催され、これがモノづくりのまちを動かす大きな力になっていることを実感してきました。

　一方、欧州での建築一斉公開プログラムも、本書執筆の大きな動機の一つです。田中は学生時代留学先のベルギ

ー・ブリュッセルで〈欧州遺産の日〉、野原は出張先の英国・ロンドンで〈オープンハウス・ロンドン〉に出くわしました。多くの市民や来訪者が、建築や都市に引き寄せられ、そのデザインや歴史・文化を学び、まちの将来を語る機会として人気を博し、毎年のイベントとして定着していることに深く感銘を受けたのです。もちろん、これらのイベントの理念や方法、その展開についてはつゆ知らず、ただ、まちを魅力的にみせる方法、あるいは多くの人をまちに引き付ける方法として、関心を持ったのです。

　その後、2012年3月には、英国ロンドンにて、〈オープンハウス・ロンドン〉の発案者ヴィクトリア・ソーントン氏との面会が実現した後、「オープンシティ研究会」として本格的にスタートさせ、世界各地、全国津々浦々イベントプログラムを歩き見て、企画者の話に耳を傾けてきました。

　この5年間で私たちは、時間・期間限定で地域資源を一斉公開するという明快なフォーマットをもつオープンシティ・プログラムが、人々とまちとの関係を再構築することに対して、どれだけの可能性があるのか思考をめぐらしてきました。資源発掘の段階から実際の資源の保全や活用に至る段階まで、まちづくりの様々な局面で実施されていることが分かってきたのです。オー

プンシティ・プログラムには、資源所有者をはじめ地域の多様な主体を結びつける「団結力」、資源が分布する地域の魅力や価値を分かりやすく伝える「編集力」、イベントという機会を利用し実験的に取組む「挑戦力」、地域内外から多くの人々を資源やまちへ呼び込む「誘引力」が備わっており、多くの地域が期待していることも窺えました。

そして、2016年11月には、ソーントン氏と、〈オープンハウス・ロンドン〉の立ち上げからともに道を切り開いてきた旦那様を日本にお招きしてシンポジウムを開催し、25年にわたるロンドンでの取り組みと世界30数都市の実践から構築された説得力あるメッセージから、オープンシティ・プログラムが新たなまちづくりの方法になり得ることを再確認しました。

最後に、本書の出版にあたり、これまでお世話になった方々にお礼を申し上げたいと思います。筆者ら(野原、田中、岡村)の出身研究室である東京大学都市デザイン研究室の皆様と過ごしてきた時間が本書の土台となっていることは言うまでもありません。そして、なによりも、今日までご指導いただいた恩師、西村幸夫先生への恩返しになればと思います。

さらに、本書の着想の原点とも言える〈おおたオープンファクトリー〉をともに築き上げてきた栗原洋三氏(大田観光協会前事務局長)や川原晋先生(首都大学東京)をはじめ、大田プロジェクトの関係者の皆様、そして全国のオープンシティ・プログラムの企画者の皆様の思いと行動が、私たちを本書の執筆に駆り立てました。

そして、編集者である井口夏実さんには、早くから本テーマに興味を持って頂き、ご支援いただきました。改めて感謝申し上げます。

なお、本書を執筆するにあたり、科学研究費補助金「地域資源マネジメント手法としての「資源一斉公開プログラム」の有用性及び可能性」(15K01953)(H27-29)、同「市民参画型シティプロモーションとしての建築公開行事「オープンハウス」に関する研究」(24611012)(H24-26)の助成を受けて調査研究を進めることができました。ここに感謝の意を表します。

2017年8月　著者一同

ヴィクトリア・ソーントン氏へのインタビュー(2012年3月、ロンドン市内の「オープン・シティ」のオフィスにて。右から野原、岡村)

オープンシティ研究会

岡村祐、野原卓、田中暁子により 2011 年秋から活動開始。まちを「ひらく」ための技術として、建築、庭、工場等の地域資源を一斉公開するプログラム「オープンシティ・プログラム」に着目し、開催地域・主催者・資源所有者のモチベーションや開催意義、あるいは歴史的展開等について理論研究を進めてきた。2012 年「オープンハウス・ロンドン」の主宰ヴィクトリア・ソーントン女史へのインタビュー調査を皮切りに、ロンドン、パリ、ブリュッセル、ニューヨーク、ロッテルダムなどの海外事例調査や、国内各地の事例調査を実施してきた。

岡村祐（おかむら　ゆう）　　　　　　　〈理論編：2 章、3 章 3・4 節、4 章　事例編：事例 1、2、3、4、11、15、19〉
首都大学東京大学院都市環境科学研究科観光科学域准教授。1978 年生まれ。東京大学工学部都市工学科卒業、同大学院修士課程修了。2008 年同大学院博士課程修了。首都大学東京特任助教・助教を経て、2016 年 4 月より現職。この間、2013 年にウェストミンスター大学（英国ロンドン）に客員研究員として在籍。（一社）おおたクリエイティブタウンセンター副センター長、NPO 法人アーバンデザインセンター・茅ヶ崎副センター長。共著に『観光まちづくり』『文化ツーリズム学』『都市経営時代のアーバンデザイン』など。

野原卓（のはら　たく）　　　　　　　〈理論編：1 章、3 章 1 節　事例編：事例 6、10、12、13、14、16、17、18〉
横浜国立大学大学院都市イノベーション研究院准教授。1975 年生まれ。2000 年東京大学大学院工学系研究科（都市工学専攻）修了、設計事務所勤務の後、東京大学助手（助教）等を経て、2010 年より横浜国立大学大学院工学研究院准教授、2011 年より現職。2017 年より（一社）おおたクリエイティブタウンセンター、センター長。岩手県洋野町、福島県喜多方市、東京都大田区、神奈川県横浜市等の幅広い対象をフィールドに、地域資源を生かしたまちづくりや都市デザインマネジメントについての実践活動・研究を展開している。共著に『図説　都市空間の構想力』『都市経営時代のアーバンデザイン』『アーバンデザインセンター』など。

田中暁子（たなか　あきこ）　　　　　　　　　〈理論編：3 章 2 節　事例編：事例 5、7、8、9、20、21、22〉
公益財団法人　後藤・安田記念東京都市研究所主任研究員。1978 年生まれ。2001 年東京大学工学部都市工学科卒業。2008 年同大学院博士課程修了。2003 年～ 2005 年ブリュッセル自由大学に留学（ベルギー国フランス語圏共同体奨学金留学生）。2017 年 4 月より現職。共著に『都市美』『雑誌『都市問題』にみる都市問題』など。

まちをひらく技術
―建物・暮らし・なりわい―地域資源の一斉公開

2017 年 9 月 20 日　第 1 版第 1 刷発行

著　者 …… オープンシティ研究会
　　　　　　岡村祐・野原卓・田中暁子
発行者 …… 前田裕資
発行所 …… 株式会社 学芸出版社
　　　　　　〒 600-8216 京都市下京区木津屋橋通西洞院東入
　　　　　　電話 075-343-0811
　　　　　　http://www.gakugei-pub.jp/
　　　　　　E-mail info@gakugei-pub.jp

装　丁 …… 藤田康平（Barber）
イラスト …… 寺田晶子
印　刷 …… ムーブ
製　本 …… 山崎紙工

Ⓒ Yu Okamura, Taku Nohara, Akiko Tanaka 2017
ISBN978-4-7615-2656-6　　　　　　　　　　Printed in Japan

JCOPY《(社)出版者著作権管理機構委託出版物》
本書の無断複写（電子化を含む）は著作権法上での例外を除き禁じられています。複写される場合は、そのつど事前に、(社)出版者著作権管理機構（電話 03 - 3513 - 6969、FAX 03 - 3513 - 6979、e-mail: info@jcopy.or.jp）の許諾を得てください。
また本書を代行業者等の第三者に依頼してスキャンやデジタル化することは、たとえ個人や家庭内での利用でも著作権法違反です。